百年華光

——南海历史灯塔纪事

灯塔，是航海丰碑，也是远航者心灵的皈依。翻开《百年华光》，品味属于南海、属于历史、属于灯塔的史诗壮歌！

本书编委会 编著

人民交通出版社股份有限公司
China Communications Press Co.,Ltd.

内 容 提 要

灯塔，是航海丰碑，也是远航者心灵的港湾。

南海灯塔，在浩瀚的南国海疆，巍然屹立！日复一日，年复一年，灯塔之光为走向深蓝的航船指明方向。每当夜幕降临，如星光闪烁的灯塔就成为一道最迷人的风景，它的光束冲破黑暗，引导航海者避开恐怖与危险的暗礁，就像希望的灯火指引着游子回家。

灯塔，记录着历史的变迁，叙述着航海者的艰辛和护航者的豪迈。我们解开历史的尘封，带您走进我国南海13座百年历史灯塔的世界，和您一起去品味那属于南海、属于历史、属于灯塔的史诗壮歌！

图书在版编目（CIP）数据

百年华光：南海历史灯塔纪事 / 《百年华光：南海历史灯塔纪事》编委会编著. —北京：人民交通出版社股份有限公司, 2015.7

ISBN 978-7-114-12244-6

Ⅰ. ①百… Ⅱ. ①百… Ⅲ. ①南海—灯塔—介绍 Ⅳ. ①U644.42

中国版本图书馆CIP数据核字(2015)第106648号

Bainian Huaguang Nanhai Lishi Dengta Jishi

书　　名：百年华光——南海历史灯塔纪事

著 作 者：《百年华光——南海历史灯塔纪事》编委会

责任编辑：刘　君　李　娜

出版发行：人民交通出版社股份有限公司

地　　址：(100011) 北京市朝阳区安定门外外馆斜街3号

网　　址：http://www.ccpress.com.cn

销售电话：(010) 59757973

总 经 销：人民交通出版社股份有限公司发行部

经　　销：各地新华书店

印　　刷：中国电影出版社印刷厂

开　　本：720×960　1/16

印　　张：10

字　　数：143千

版　　次：2015年7月　第1版

印　　次：2015年7月　第1次印刷

书　　号：ISBN 978-7-114-12244-6

定　　价：45.00元

《百年华光——南海历史灯塔纪事》
编委会

序一

颂灯塔

李 汶

我反复认真阅读了南海航海保障中心寄来的《百年华光——南海历史灯塔纪事》书稿，激情满怀，深感它的纪事史料论证、事迹内容、发展经过，叙述详细、生动、感人，是新中国成立以来中国历史灯塔纪事的首创！

我出生在长江之滨，从小就向往着浩瀚无垠、波涛澎湃的大海。历史的机遇造就我毕生从事祖国的海事事业。如今，看到南海航海保障中心组织编撰的《百年华光——南海历史灯塔纪事》一书，对于一个年逾八旬的航标老人来说是莫大的鼓励和深刻的教育！感受至深！

半个多世纪以来，我执着地坚持着对祖国航标事业的追求。灯塔是船舶的指路明灯，是海员在大海中安全航行的保护神。早在四千多年前的夏王朝，就有利用碣石指引船舶安全航行，《尚书·禹贡篇》有“岛夷皮服夹右碣石入于河”的记载，“碣石”就是中国远古时期的天然灯塔。几千年来，我们的祖先建造和改造了许多灯塔，它们像颗颗明珠镶嵌在中国沿海的岛礁航门和港湾，为保护海员的生命，为安全普渡众生，巍然屹立在大海之中，闪闪发光，日日夜夜照亮着黎明前的海洋。

拓海而荣，南海自古是中国与世界联系的窗口。2000多年前，我们的先辈乘风破浪，开辟了连通东西方的海上丝绸之路，成为沟通各大洲商贸动脉和联系东西方文化交融的重要纽带，为世界经济发展和文化繁荣做出了重大贡献。600多年前，郑和从南海扬帆七下西洋的壮举将海上丝绸之路发展到巅峰！

南海，拥有全国三分之二的海洋疆域，守护着天涯岬角、海洋岸线的400多座南海灯塔，装配现代化的卫星导航设施，为改革开放新时期的海上丝绸之路保驾护航（桩），让船舶在惊涛骇浪中乘风破浪。一盏灯光照亮一条航路，可以说，南海灯塔就是人们深耕南海、走向世界的“守护神”。

翻看本书，您会看到，灯塔的建设变迁，也是我国近代历史的见证。南海灯塔亦是如此。当人们在感受灯塔导航创造的平安幸福之路、感慨于灯塔建筑之美的同时，通过本书，仔细品味南海灯塔发展史，从西方殖民者建造的历史灯塔到新中国建设的现代灯塔，这种强烈的对比，充分展现了中华民族的伟大复兴之路，中华儿女实现美丽中国梦、海洋强国梦的自信心和自豪感也油然而生。

翻看本书，您能感受，灯塔矗立于孤岛、水边。在荒无人烟、远离繁华之地，那里，灯塔看守人几千年来继承和发扬了以海岛为家、以艰苦为荣的创业精神、热爱本职的敬业精神和不畏艰险的奉献精神，世世代代无怨无悔地为海员的生命安全、为海洋事业的发展默默做出了无私奉献。在一座座灯塔身旁，曾经发生过那么多可歌可泣守塔、护塔的故事，发生过那么多神秘、凄美又充满传奇的爱情故事。默默无闻、甘于奉献、艰苦创业……这种属于灯塔人、属于航标人的时代精神在这里得到彰显，为弘扬社会主义核心价值观注入了正能量。

中国航标事业是我一生的知识学园和精神家园，也是我魂牵梦绕的工作乐园。锲而不舍、不屈不挠、“燃烧自己、照亮人间”的灯塔精神，永远激励着后人继往开来。如今，在“21世纪海上丝绸之路”的战略引领下，灯塔必将引领南海海洋事业发展走向新的纪元。

李汶（1931－ ），湖北红安人。中共党员。上海海事局教授级高级工程师；上海市离退休高级专家协会交通运输委员会副主任委员；新中国第一代航标专家、从事海事航标工作60年的航标人。

序二

塔在，希望就在

朱铁志

灯塔对我而言，与其说是一个实体，不如说是一个文学意象。它象征着黑暗中的光明、危难中的希望、迷惘中的指路明灯。哪个懵懂少年心中没有一座希望的灯塔？哪个文学青年不赋予灯塔无限的想象？于是，灯塔不仅矗立在海岸峭壁之上，更深深扎根于每个善良人的心中。海明威摇动一叶扁舟，与灯塔渐行渐远，而他心中理想与抗争的灯塔却逐渐明亮起来，直到他本人也成为无数文学子孙心中不灭的灯塔。

生长在山区的我18岁便来到首都北京，从山地到平原，灯塔似乎离我越来越远。然而漂泊在茫茫人海之中，我常常遥望心中理想的灯塔，就像康德仰望夜晚的星空和心中的道德律。特别是工作和生活遭遇困难的时候，奋力前行却看不清方向的时候，心中那座忽明忽暗的灯塔就会渐渐明亮起来，沉睡的憧憬和不屈的意志就会挣扎着再一次扑向惊涛骇浪，全然不顾飓风和暗流会将我带向何方。当然，大海也有阳光灿烂的时候，阳光下的灯塔变得婀娜多姿、挺拔峻峭、笑看绿海蓝天，于是就催生出诗情画意，就酝酿出浪漫和爱情。有了灯塔，人们才得以登临送目，展开想象的翅膀；有了灯塔，生活才变得如此意味深长、充满希望。

正因为心中早有这样一座不灭的灯塔，所以当南海航海保障中心的朋友请我为本书作序时，我犹豫再三，还是自不量力地接受了。我知道自己从来不是一个灯塔专家，不配在这样一本专门记述历史灯塔故事的专著前作序。但又想象到实体，不失为一次难得的学习机会。由此让我

见识真正的灯塔，特别是浸润和记录着百年沧桑的历史灯塔，结识灯塔背后那些默默在时间深处为我们指路的灯塔人，不正是一次难得的体验吗?

记录在本书中的十三座灯塔，都有百年以上的历史。从某种意义上说，挖掘、整理、记录这十三座灯塔背后的故事，不仅是对灯塔史本身的梳理、抢救，也是对近代以来中国历史的特殊回顾。灯塔作为凝固的历史象征，本身所蕴含的建筑意义、历史文化传承意义、对后人的启发意义，都是值得深入挖掘的。

透过作者的笔触，我不无痛楚地发现，十三座历史灯塔中，南澎岛、石碑山等处的灯塔已经被毁，有的甚至被一毁再毁。如今耸立在我们面前的，只是一座仿制建筑。真正的历史遗迹无论怎样“修旧如旧”，毕竟不是原来那个记录历史沧桑的原作了。古建筑学家罗哲文先生曾说:“文物史迹最大的特点是不能再造，毁掉一个就少一个。”

历史灯塔被毁的原因复杂，既有战争的创伤，也有假发展经济之名的人为破坏。是不是还有其他方面的原因，我不便妄加揣度。但我想起鲁迅先生所写的《论雷峰塔的倒掉》。为了一己私利的有意破坏，和虽非有意却毫无文物保护意识的“集体无意识”，或许也是造成历史灯塔光辉不再的重要原因吧。

所幸，还有八座灯塔基本保存完好，这让我感到欣慰。

我知道，建筑物集工艺技术、实用功能和审美功能于一身。就灯塔而言，虽然结构相对简单，但其所处位置的重要性、指向功能的不可或缺和独特的充满审美意味的造型，使其具有其他建筑不可比拟的特殊作用和意义。其中所蕴含的实用价值、审美功能以及对航海学、天文学等相关学科的作用，都值得深入考察、系统研究，对其所承载的文化意义同样不可低估。

《百年华光》以每座灯塔的历史演变为线索，以纪实手法描述发生在其中的精彩故事，仿佛历史重现，使我们在百年之后再次与历史隔空对话。于是，蛟尾洲灯塔为何而建，硇洲灯塔因何扬名，冠头岭灯塔如何一波三折，都活灵活现地展现在我们眼前。不仅如此，站在灯塔之上，比灯塔更为高大的，是那些默默奉献的灯塔人：倒在灯塔上的陈义，几度遇险的苏贵聪，以塔为家的黄灿明等等，这些平凡朴实的灯塔人，就是架设在迷惘生活中的灯塔，就是我们身边实实在在的指路人。

在我们这样一个有着五千年文明史的国度里，需要保护的建筑文物何止灯塔一项？而灯塔恰好是一个象征，灯塔的困境同样是众多建筑文物的困境。本书所做的工作虽然只是文字记录整理，但也是一份功德无量的事业，相信会随着时间的推移，愈发显示出其特殊的意义和价值。

记录一座灯塔，就是记录一段历史；记住一座灯塔，就是记住一群可敬的人。灯塔史连着近代中国的屈辱史，同时也连着中国人民的抗争史。一座小小的灯塔，永远矗立在灯塔人的心里，永远明灭在中国人的记忆里。

是为序。

朱铁志（1960— ），吉林通化人。中共党员。1969年跟随父母下乡，1978年参加高考，1982年毕业于北京大学哲学系。1983年开始发表作品。1998年加入中国作家协会。毕业后到求是杂志社工作。历任《红旗》杂志编辑，《体育报》记者，曾任《求是》杂志编委、编审，现为《求是》杂志副总编。中国作家协会全国委员会委员、北京市杂文学会常务理事。

目录

护航“好望角”

——表角灯塔纪事

表角灯塔又名广澳灯塔，位于粤东沿海汕头港达濠半岛广澳角，始建于1880年，原塔为铸铁所造，上涂白色，现塔身为白色圆形混凝土塔，标身高15.6米，灯高61.8米，灯质为闪白8秒，射程24海里，配有雾炮两门。表角灯塔为潮海关建设，在世界灯塔中编记在册，第二次世界大战时部分被炸毁，于民国36年（1947年）修复。表角灯塔既是粤东沿海干线的重要灯塔，又是进出汕头港外航道的重要助航标志。

海难与灯塔

灯塔守护着天涯岬角，这些都是茫茫大海中最为危险的地方，这些地方往往浅滩密布，礁石凸起，水道狭隘。灯塔点燃光芒，也点燃希望，以此引领航船冲破黑暗驶向安全的彼岸。因此，灯塔又被誉为“大海航船的守护神”。但是，每座灯塔，都是在悲惨的海难事故发生后用泪水总结的产物。可以说，每一座灯塔的竖起，都有众多海难为前奏。从许多灯塔边所竖石碑上的记载，都能读到建塔前附近海域的惊心海难。表角灯塔的建设亦是如此。

汕头海关关史陈列馆

第二次鸦片战争，中国战败，清政府被迫签订《天津条约》，增开潮州(汕头)等9处为对外通商口岸，并约定一年后互换双方政府批准书，条约才能生效。可是1859年6月，英法联军不按清政府指定的地址、路线互换批准书，目的是为了获取更多权益，故意恣生事端，导致战事又起，至1860年9月英法联军入侵北京，10月火烧圆明园，清政府又一次签订中英、中法《北京条约》，同时互换《天津条约》批准书。清政府迫于无奈，于1859年11月15日批准美国在潮州（汕头）先行开市，即同意在汕头设关开埠。

1860年1月1日，潮州(汕头)实施对美开市，在汕头港外妈屿岛上，设立“潮海关”。汕头开埠后，外国列强入侵，先后有9个国家在汕设领事馆。美、英、法、德、日等列强先后在汕设立教会，开办洋行，建设码头仓库。1862年英国商船公开抵汕，随后有12个国家的商船通航汕头港，自此，汕头港也成为通航最为繁忙的华南海港之一。

为了实现以关管港的目的，潮海关开始规划关区岸线。1864年6月21日，总税务司通令，潮海关关区岸线划定自香港至南澎为界。1883年7月13日，总税务司又令潮海关关区岸线改为自大鹏湾至南澎范围内。1864年潮海关制定了《海关章程》，划定汕头港港区范围和船舶停泊区。1865年英国船长汉密尔顿等人对汕头港进行测量，并于同年11月8日在伦敦出版了首张汕头港地图——《中国东海岸韩江入口处汕头港图》。由于没有任何导航助航设施，进出汕头港的船舶也就依靠着汕头港地图航行。

1874年11月1日夜间，东北风呼呼吹着，一艘满载货物的英籍三桅船“赛里”号开足了马力，在汕头港外海面上航行，希望能在2日破晓靠

表角灯塔（老塔）

泊汕头港。英国国旗在船尾桅杆的斜竿上飘动着，如船员们的心情一般，迫不及待地要将他们从英国运来的鸦片和西洋商品卸载在汕头港，以换取满载的白银。但是，他们谁也不会想到，船行至揭阳市惠来县石碑山海域，由于风大浪急，船触礁沉没，满载货物和船员一起葬身大海。

潮海关得知“赛里”号失事后，便在汕头港区设置浮标2座，作为导航助航标志。但是，汕头港海域进港航道广澳角、石碑山、德洲岛等水域地形复杂，暗礁较多，船行此处仍然危险重重。1878年，海难又在同一个地方上演。

1878年10月13日，德籍二桅船“波丽”号又在“赛里”号失事海域触礁沉没……

接踵不断的海难事故，让潮海关的管理者下定决心在汕头港区建设灯塔，以保障船行安全，维护各国列强的殖民利益。因此，他们派航海专家，对汕头港区海域的岸线岬角进行全面的勘测和调研。

表角，又称好望角，在汕头市达濠区东南部，达濠岛东南，为广澳大山向东伸出的岬角，近东西向，长0.5公里，宽0.3公里，海拔50米，由花岗岩构成，附近多暗礁，这也成为港口船舶航行的重大隐患，因此，表角也成为潮海关建设灯塔选址之一。清光绪六年四月二十日，即1880年5月28日，表角灯塔正式落成。

表角灯塔也称东椰头灯塔，又名广澳灯塔。该塔为生铁所造，上涂白色，装有雾炮。据《中国沿海灯塔志》记载，表角灯塔为四等两红一白的弧形明灭相间的灯光，西北弧形为红光，旨在指示绿岛、开利提岛、赤礁、蹲岩以及其他危险之地所用；而西南弧形红光，则可引导船只离开南交角（又称马儿角）及潮角行驶，以避免船舶航行到表角如虎尾般危险的水域。

民国二年（1912年），该塔的灯器改为煤油蒸汽灯头，配以五十厘米白炽纱罩。因此，灯塔的光强也大为改善。据记载，该灯塔白光灯烛力（即光强）由一千支增至一万九千支，红光灯烛力由一千三百支增至七千五百支，大大保障了船舶航行安全。

海防与灯塔

表角灯塔，灯守房沿着山岭而建，由西向东，险峻狭窄而长，院内种植植被，青葱整洁，院外则斜坡陡峭。光绪二十八年（1894 年），发生汕头地震，当年七月初九，汕头海面出现鱼儿无力地漂浮于水面的奇观。当时据渔夫解释这是海底太热的缘故，没有引起人们的重视。初十当日下午地震发生时，正行驶于汕头至厦门之间的船只晃动不已，停泊在汕头港的轮船上的船员竟感到船底碰到了海底。当日 16 时，逛街的汕头民众忽然听到有呜呜声自远而近，旋即响声如春雷乍起，震彻遐迩，似见地轴滚动，山岳为崩，碕碌对面的石山所有山峦顷刻倒下，埠内的房屋也大部分倒塌。房屋的崩塌声和人们的呼救声交织在一起，喧嚣遐迩。同时空气中也充满着硫黄的臭味，刺人鼻孔。碕碌华英学堂附近大马路，忽闻霹雳一声巨响，裂开一条大缝隙，长约百丈，裂缝中喷出硫黄水，十分滚烫，路人逃避不及即被灼伤。地震造成房屋几乎全被毁坏，

表角灯塔旁的海防哨所房

瓦砾之下尸体模糊，惨不忍睹。金山街的高升戏院除戏台外全都倒塌，压死40多人，伤及20多人。第二天再震，日夜共震十次，直至二十七日才停止。在这次地震中，表角灯塔的墙壁、天花板均有龟裂，烟囱围墙等也倾倒，透镜也被震碎。

表角突出的西端，距离灯塔半里路的地方，以及在广澳半岛的另一端，距离表角灯塔西南四里的地方，这两个地方都是半岛突出的尖端，易守难攻，清朝初年在此修建有炮台。据悉，潮汕沿海自宋到清朝，海盗活动一直没间断过。有的是失意的官吏，有的是逃窜的流犯，有的是被逼下海的农民，建造炮台就是为了防御海盗；同时也有一说法，说是清朝初期，清政府几乎没有任何海军力量，为了防范郑氏（即郑成功后人）复辟，监视他们行动，特在此处设立炮台，并派兵值守在此。

表角灯塔建成后由潮海关进行维护和管理，新中国成立后即移交汕头海军管理，1981年交由汕头航标区（南海航海保障中心汕头航标处前身）管理。1992年在原位置重建，塔身为白色圆形混凝土灯塔；1995年10月增设电雾号，作用距离约2海里。2005年11月，同址建成船舶自动识别系统（AIS）基站。

表角灯塔水域风光

表角灯塔

守灯与守心

由于表角灯塔位于汕头外港水道进口之处，就曾有许多船只在此段海岸遇险，漂泊的船员必向汕头迈进，而路途所经，就必定会先向值守表角灯塔的灯守员请求援助。根据档案记载，向该灯站求助的船员较中国其他灯塔多很多，其中不乏外国船员，中国的渔民旅客因为所乘坐的船舶遇险而来此求救的就更多了，而表角灯塔的历任灯塔管理员均能尽量为他们提供衣物、粮食、金钱等帮助，因此，在当地获得了良好的口碑。

2005 年 7 月 12 日这一天，一位特殊的客人——澳大利亚作家 Joanne Michele Golack 来到了表角灯塔，打破了这里的平静，带来了一个感人至深的故事，揭开了守灯人那一段鲜为人知的历史。Isaak Golack 是白俄罗斯人，1928 年至 1945 年间曾在我国表角灯塔、遮浪灯塔等十个灯塔担任管理员。1943 年，由于痛恨日本对中国的侵略行径，并且为中国人民的抗争精神而感动，富有正义感的 Isaak 向中国军方提供了日本船舶进出港的情报，也因此被日本侵略者抓走，精神与肉体上都受到了极大的煎熬；然而即使在被迫穿上象征屈辱的囚衣、遭受十指剥甲的酷刑的痛苦时刻，他也没有屈服于侵略者的淫威，而是不屈不挠，守口如瓶，自始至终未向侵略者透露情报对象的任何信息。抗日战争胜利后，他恢复了自由，然而不幸的遭遇已给他造成了极大的精神摧残，并使他丧失了基本的劳动能力，最终只能被迫离开自己的工作岗位，离开自己心爱的守灯事业。而他的孙女 Joanne，不远万里，漂洋过海，正是为了通过实地的考察体会，挖掘先人高尚情操背后蕴含的深意，体味先人对于这片土地、对于这里的人民的一片深情，同时搜集资料，理清思路，撰写书籍，纪念祖父的传奇人生。

守灯人，守灯，守心，守民，守护寂寞、守护安宁，而环境的恶劣，更是成就了他们坚忍刻苦、不屈不挠的精神。灯塔情结穿越时空，守护事业薪火相传。一代又一代的航标人前赴后继，共同经营着这造福千家万户的伟大事业。

澳大利亚作家Joanne Michele Golack探访表角灯塔

与现任灯守员合影

而如今，守护好望角的是守灯人汕头航标处职工——徐明河。

广澳东端的“好望角”俨若一柄青锋探向蔚蓝的大海，她与汕头市区隔海相望，成掎角之势，稳稳地把住了汕头海湾的门户。

“好望角”出奇的宁静，除了一阵接一阵的涛声外，能听到的也唯有隐隐约约的羊咩了。好望角没有房屋，只有灯塔；好望角也没有人家，只有 4 位守灯人，他们分成两班轮流镇守着“好望角”上的表角灯塔，4 个人当中守塔最久的是徐明河。从 24 岁开始，19 年来徐明河就在这宁静的好望角上与表角灯塔为伴。徐明河说，从外海经过或者进入汕头海域，最早看到的就是表角灯塔，船员在茫茫的大海上，只要看到这个每隔 8 秒闪亮一次的灯塔，就知道已经到了汕头了，心也就安定了。

徐明河说，现在守灯员的生活好多了，用上了煤气炉和桶装矿泉水。表角灯塔还利用太阳能发电，也可以收看各种电视节目，遗憾的是电压不够，冰箱还不能用。不过上好望角的路好走多了，晴天的时候可以天天骑自行车去买菜。

在宁静的“好望角”上生活了 19 年，徐明河已经不再感到寂寞，工作之余钓钓鱼，找找山坡上的羊羔都是一番享受，最惬意的是遥望汕头！黄昏时我们和徐明河一道上了灯塔去享受一番——极目望去，只见汕头海湾畔那连绵数里、金碧辉煌的度假村别墅区，恍如一只展翅的鲲鹏，翱翔在大海之滨；附近，是脚手架林立、推土机往返的广澳开发区、保税区和幢幢高楼屹立的外商投资区。十年前，这眼前还是一片荒沙，阳光洒照的是满眼裸露的风化岩，空荡荡的沙滩上，只有几行“落溪仔”的足迹，而仅仅几年，广澳湾就成为现代化城市的一部分。

从表角灯塔远眺，布满现代化楼群的汕头市区已经被灿烂的夕阳披上一袭绚丽多姿的金纱——表角灯塔，见证了人们点灯引航的故事，也见证了汕头这座城市的巨变，同时，它成为领略粤东南海之滨的绝佳之处，也成为这座城市的眼睛，守望着“好望角”，守望着幸福……

鹿屿明灯
——鹿屿灯塔纪事

鹿屿灯塔，又名德洲岛灯塔，位于粤东沿海汕头港鹿屿岛，始建于1880年，由英国人建造，塔身为红色圆形铸铁拼装塔，塔高21.5英尺，约6.6米，原装有300㎜牛眼镜旋转灯一具，灯质为红、白互闪，灯光射程红光为6海里，白光10海里。鹿屿灯塔是我国南海海区迄今最为古老且保留较为完整的古塔，还完好地保存着当年的雾炮和灯守房等历史遗迹，它作为"近现代重要史迹与代表性建筑"，于2010年被汕头市人民政府列为第四批汕头市文物保护单位。

鹿屿灯塔

建塔肇始

鹿屿，曾名龟屿，位于汕头港湾内，进入汕头"门户"海湾大桥下的主航道旁。岛形如坐鹿，称鹿洲，潮语德与鹿谐音，故改今名。岛长700米，最宽200米，最窄100米，距离妈屿岛约700米。

这里是一片神奇的土地：终年云遮雾绕、风大浪高。

这里的山奇，灯塔之下山岩上“伤痕”累累。相传，当年山神为了驱赶山石填海所致，大雾小雨天，石缝里仍会往外冒水，令人浮想联翩；这里的石怪，环海岸线怪石嶙峋，神态各异，宛如神龙下海，虎豹出山，形成独特风光。相传，此处曾为众天神座驾神兽栖息之地，因性情各异，常于此地发生争斗，致使方圆百里之地翻江倒海，附近百姓民不聊生。妈祖为拯救当地百姓，安一方渔事，便将此事奏报天庭，自请担负神兽看守之责，于是便进驻鹿屿岛不远处的妈屿岛，看守神兽，以保一方安宁。为了驯服神兽，妈祖还在鹿屿岛点化山石作为看守，相传，鹿屿灯塔所建基石，也是经过妈祖点化，才能有守海护渔的神奇作用。每当夜间，妈祖还会在鹿屿山头燃起风光，指引过往船舶航向——这也就被当地渔民称为“鹿屿之光”，也成为鹿屿灯塔的前身。

位于妈屿岛码头，海上有块黑褐色的石头，当地人叫它妈印石，就是妈祖曾经为驯服神兽所用的系桩遗迹。说来也怪，这妈印石不论潮涨潮落，总是浮出海面，不被海水淹没，相传也是为了震慑鹿屿岛栖息神兽所用。

灯守房

百姓感恩妈祖的护海功德，便在妈屿岛修筑两座妈祖庙。只要开渔出海，当地渔民必赴妈祖庙祭拜，祈求妈祖保佑风调雨顺，满载而归。进入近代，鹿屿之光曾暗淡寂寞。明清以来屡设海禁，长达200年之久。

清光绪六年（1880年），潮海关在鹿屿岛的东端建造一座灯塔，称为鹿屿灯塔。鹿屿灯塔是南海海区迄今最为古老的灯塔，由英国人管理，曾与中国沿海的诸多历史灯塔一并被看作是列强侵华的见证。

1840年，西方列强的坚船利炮洞开了中国大门，1854年，一个叫赫德的英国人从家乡北爱尔兰，漂洋过海来到英国驻中国领事馆，担任见习翻译员。那一年赫德19岁，赫德八面玲珑，深谙中国习俗人情，很快成为清政府主张“师夷长技以制夷”的进步人士的朋友。1859年11月，清政府迫于压力，同意西方列强在汕头设关开埠。1863年，清政府正式任命赫德为中国海关总税务司，那一年赫德28岁，也正是在那一年，赫德长达45年的“大清海关总管”履职生涯的正式开始。

1868年，赫德向清政府建议：“为了中国沿海进行贸易的船舶利益，一般说，真正的需要如下：在远航中给予船舶以危险的警告，这就应在必要的地方设置灯塔。”很快，清政府接受了赫德的建议，并由此开始在中国沿海岸线建设灯塔。负责建造灯塔的是清政府海关的海务科，而主管的就是赫德。汕头辖区鹿屿灯塔、表角灯塔、石碑山灯塔等都是在此背景下建设的，均为1880年始建，且在中国沿海灯塔中分别编号为26、27、28。

从妈祖的神力庇佑到英国人赫德的灯塔建设，由中华古老的神话传说到中西方

文明的交融——散去的硝烟，流逝的时光，在鹿屿，留存的是一段完整的岁月记忆；在鹿屿灯塔，见证的则是一个时期的历史沧桑。如今，经鹿屿灯塔导航远行以及归程的人们，也许不会思量建塔肇始的硝烟与战争，这是文明的伤痛，也是历史的无奈。

交映生辉

鹿屿岛，风光旖旎；鹿屿灯塔，百年沧桑。

鹿屿灯塔塔高 6 米，发光源设在圆形的红色塔上，灯光性质为红、白两色照变光，灯之光源为煤油灯，发光自日落至日出止，射程 8 海里。据《中国沿海灯塔志》记载，灯塔为有人值守灯塔。灯塔管理主任职务自灯塔始建就一直空缺，到 1886 年 4 月，英国人查柏门任主任一职时，灯守员薪金待遇很低，与在汕头港外轮工作薪酬相距甚远。且由于鹿屿远离陆地，按照灯塔管理规则执行薪金制，灯守员对于在此值守怨声载道。因此，在灯塔值守，擅离职守、请假逾期以及假装患病等借口的灯守员层出不穷。查柏门于 1910 年 6 月辞职，改由华人任此灯塔管理主任。以后，中国人像爱护自己眼睛一样，克服种种困难，守护着这座灯塔，百年来，从不间断。

新中国成立后，灯塔归属汕头海军管理，1958 年移交汕头港务监督管理。自接管后，汕头港务局派工人驻守灯塔，保证灯塔发光。

改革开放后，汕头经济发展迅速。1981 年 11 月，汕头建立经济特区。1983 年 7 月，汕头市辖管潮州市和揭西、普宁、惠来、饶平、澄海、南澳、潮阳、揭阳 8 个县。1989 年 1 月，潮州市从汕头市划出，由广东省直管。1991 年 11 月 1 日起，汕头经济特区覆盖整个汕头市，面积为 234 平方公里。

鹿屿岛位于汕头港咽喉处，船舶进出港口都必经鹿屿灯塔导航。鹿屿灯塔老塔 10 海里的射程远不能满足日新月异的港口发展需求。1996 年，在旧塔附近重建新塔，新灯塔高 22.8 米，射程 18 海里，成为船舶进出汕

新老灯塔交映生辉

头港的重要助航标志。新灯塔为混凝土材质建造，流线型的造型设计源于“渔女擎灯”的意象构思，宛如一位身材婀娜的渔女，手持渔灯，为往来船舶照亮航程。

1997 年 7 月 1 日，新灯塔启用，新塔为白色圆柱形混凝土塔，配有西班牙灯器 BGA-500 型，灯质单闪白 5 秒，灯光射程 18 海里；同年，增设了全球差分定位系统（简称 DGPS 台）；2007 年对老塔进行“修旧如旧”修复工程，百年老灯塔恢复了昔日的风貌。在鹿屿岛，原塔与新塔并存，历史与现实在这里交汇、传承，构成了一副别样景致。

如今，汕头港航道上，满载货物的轮船络绎不绝。红白两色的新老灯塔，在茫茫大海交相辉映，一束束灯光划破夜空，为夜航者们送去光明，抚今追昔，灯塔默默地经受着多少风吹浪打，见证了无数岁月流转，见证了中国海洋权益的荣辱兴衰。

守护信念

鹿屿岛的地理位置优越，有着南海海区最齐全也最复杂的导航助航设施，但是作为普通人居住的话，生活条件却是比较差的。在这座孤岛上，有一批航标处的工作人员长年累月默默守候在自己的工作岗位上，保障着往来于汕头港船只的航行安全。朱汉轩就是他们的“领头人”。

朱汉轩在维护设备

朱汉轩原是四川大竹人，1982 年，当了 5 年兵的他由部队转入汕头航标处工作。一开始朱汉轩面对全新的工作环境完全摸不着门路，他意识到自身知识与工作岗位间的不适应。但他自强不息，虚心请教、主动学习，在自学无线电通信和电子线路维修等方面狠下苦功，迅速完成了从一名只有初中文化水平的转业军人到技术业务骨干的成功转型。现在，他是汕头航标站鹿屿差分台班组的组长，也于 2015 年被评为“全国先进工作者”。

鹿屿岛地处海上交通要道，岛上生活条件十分艰苦。上岛初期，鹿屿岛还是“三无”状态：无市电、无淡水、无电视。虽然随着航标事业的发展，市电通了，淡水有了，电视也有了，但与都市的生活相比，这里的“衣食住行”样样不便。由于条件所限，这里至今仍未配备固定使用的交通船，岛上的 6 个人只能分成两批，每周一换，轮流上岛值班。有时遇到刮风下雨或是台风天气，船只停航，值班人员只能在岛上继续坚守岗位，直到天气转好、船舶通航，才有同事去换班，有时候一住就是半个月。而从鹿屿岛码头到差分台还要登上 200 多级石阶，这条被称为“瞭海天梯”的山道，也是朱汉轩和他的同事们的“粮道”。由于岛上全是砂土，没有一点泥巴，

灯守房

淡水更是匮乏，无法自种蔬菜、自养禽畜，值班人员每周上岛换班时，都要带上一周的大米、蔬菜、肉类，有时还要扛着煤气罐登“天梯”。由于长时间在岛上风吹日晒，朱汉轩和他的伙伴们皮肤黝黑。日常工作每天重复，近乎无聊而枯燥，但朱汉轩却把它当成一种乐趣，看似琐碎不起眼的工作，却起到保障船只晚上不触礁、不偏离航道的关键作用。

一天清晨，电闪雷鸣，朱汉轩不顾倾盆大雨，在岛上的各种导助航设备间来回奔走。他从没与闪电如此接近过，雷鸣声在他耳边环绕，大雨打得他眼睛都难以睁开，但他已经顾不上这些，他只有一个信念，“航标是船舶的眼睛，在恶劣的天气下，更要保证设备正常运转”。

这是一次他前所未见的雷击，鹿屿灯塔外墙的控制箱被炸成了碎片撒落一地，灯塔内的电控箱和防雷设施都烧成了黑色，整个鹿屿岛上的设备几乎陷入瘫痪状态。他说：“无论如何也不能舍弃鹿屿岛，设备必须在最短的的时间内抢修恢复。”在嘱咐其他值班人员向站部报告情况后，他再次奔走于各受损设备之间。在控制箱前，他用脖子夹着雨伞挡住裸露在外的线路，在大风的肆虐下雨伞很快就从“个”字形变成“丫”字形，这时他只能用身体挡住随风而来的大雨，尽量使线路和模块不受大雨侵袭；他一手拿着万用表，一手拿着螺丝刀，一个个模块地检测、置换。几个小时后站部人员赶到岛上时，鹿屿灯塔已经恢复供电开始工作了，此时的朱汉轩已经成了“落汤鸡”。正是他的及时抢修，为当天进出港船舶的安全航行提供了保障，也为岛上设备的尽早全面恢复赢得了时间。

进行差分台管理

“我不能舍弃鹿屿岛！”这个信念支撑着朱汉轩走过了15年。15年的岛

居生活枯燥乏味、与家人聚少离多。提起家庭，提起他的爱人和一对子女，他满怀愧疚之情。为了支持他的工作，他的爱人放弃工作，独力承担起家庭生活和孩子培养的重担；“在我眼中，航标不仅引领船舶，还指引人生。”朱汉轩认为，“工作态度要像航标一样，耐得寂寞、坚持发光。航标日复一日的工作，虽然枯燥但从不停歇，如果停下来，很可能造成海上交通事故。就像灯守工作，没有人监督，一切工作靠自觉，工作绝不是为了干给别人看，而更应该是一种责任的驱动。”而今，朱汉轩最大的愿望就是把技术和经验毫无保留地传给年青一代航标人，为航标事业的更好发展站好最后一班岗。

朱汉轩和他的伙伴们接过前辈们的接力棒，他们平凡的坚持奉献，成就了千家万户的温馨和谐。这种甘于平淡、默默奉献的精神穿越时空，将在历史的洪流中永放光芒。

千秋石碑　航海丰碑
——石碑山灯塔纪事

深秋的石碑山，云淡风清，祥和幽静，高耸挺拔的灯塔傲视长空。2014 年 10 月 1 日，一次以“兴海强国灯塔行”为主题的迎国庆升国旗仪式，在这里举行。

五星红旗冉冉升起，来自交通运输部南海航海保障中心的干部职工、社会人士和优秀学生代表举起右手，向祖国宣誓：“……为建设海洋强国而努力奋斗，为实现中华民族伟大复兴而努力奋斗！”

见证这一庄严时刻，石碑山灯塔百感交集，遐想翩飞，思绪一下子回到 135 年前……

石碑山灯塔宣誓仪式

石碑山灯塔

英国人建铸铁灯塔

石碑山，位于广东省揭阳市惠来县靖海镇西南方向的坂美村旁，是粤东海岸线伸入海洋的最突出陆地。这里曾经是郑和第七次下西洋时的物资储备基地，也是海上丝绸之路的中继站，是汕头至广州海运国际航线的扼喉。

所以，英国在19世纪就蓄谋在此建灯塔来控制这条航道。

第二次鸦片战争期间，清政府无力对抗英、法两国对中国发动的侵略战争，被迫签订丧权辱国的《天津条约》，增开汕头等10处口岸，1860年1月1日汕头正式对英、美开埠通商。从此，汕头至广州航道上升为国际黄金水道。

1874年，潮海关为了实现以关管港目的，先在汕头港设置助航浮标两个。清光绪六年（1880年），英国为了控制汕头至广州这条黄金

1910年石碑山灯塔

航道，保护其掠夺潮汕资源的船轮安全，操纵设在伦敦的海上人命保险机构“万国公司”，在惠来的石碑山、潮阳达濠的表角和汕头港外的鹿屿岛开建灯塔。石碑山灯塔于1882年建成。《惠来县志》中记载：“石碑山灯塔，清光绪八年（1882年）由万国公司兴建，权属英国……”

灯塔建在石碑山岬东南位置，为铸铁圆形塔身，塔高120英尺（约36.6米），灯高100英尺（约30.5米），外直径8英尺（约2.4米），内旋转楼梯直至灯楼，是当时亚洲第一高灯塔。灯塔应用竖罩透镜及四重灯芯煤油灯，发射亮度为206000烛光的白光。用一座大型的发条式灯机旋转灯座，每20秒闪光一次。在建设灯塔的同时，在灯塔旁边建成2幢各3间，每间约25平方米的灯塔工用房。

石碑山灯塔外表涂的颜色是蓝底红间，红蓝相接处还要留有少许的白色，即英国国旗样子。这是因为，当时没有国际航标协会，更没有统一的航标标识规定，加上英国的“米字旗”称为“the Union Jack”。Jack是海军用语，指悬挂在舰首的旗帜，也与海有关。所以，英国当时建的灯塔几乎都使用这样的外表。

英国终于“如愿以偿”。

灯塔的建成，令西方列强掠夺中国的野心进一步膨胀。潮海关成立时，参照上海海关收税章程，汕头事实上并存“洋关”和“常关”两个海关。一个是外国人操控的税务司，管理外国商船，称为“洋关”。还有一个是中国人管理华籍木帆船的海关，称为“常关”。“常关”税收仅是九牛里的一毛。于是，由英、法委员把持的海关总税务司，任命美国驻华大使华若翰之弟华为士为“洋关”第一任税务司，清政府派俞思益为“洋关”监督，海关实权实际落在了美国人的手上。

即使是九牛一毛，贪婪的殖民者仍然不放过。灯塔建成后，西方列强借故航标投资大，利用一系列不平等条约不断扩大关区岸线，掠夺中国的关税。光绪二十七年(1901 年)，潮海关滥用《辛丑条约》规定，开始接管距离汕头 50 里以内的常关卡口，“常关”被接管后改为潮海关监督公署，“常关”关税流进税务司。民国三年(1914 年)，潮海关又接管距离汕头 50 里内所有分口岸，再一次攫取了潮汕常关的税收权力。至此，除了潮海关汕头，另有东陇、黄岗、庵埠、潮阳、达濠、炮台、澄海、水井、厦岭、馆府、靖海等分口岸关税全部落入外国人的囊中。

1910 年，经 30 年的风雨侵蚀，石碑山灯塔外漆脱落严重，内部器械磨损严重，英国人对灯塔进行改造。内部，拆除了发条式旋转灯机，改为一等旋转透镜，四芯煤油灯改为煤油白热灯，亮度由 206000 烛光提高到 500000 烛光；外部，因蓝底红间的油漆操作烦琐，便仿照德国在中国北海海区的灯塔外观，采用黑白等距横纹相间的形式，故有花灯柱之称。此次改造还加建了一幢中式的工人用房。

进入 20 世纪 20 年代，潮汕人民为收回海关主权开展了艰苦的斗争。1925 年 8 月，抗议帝国主义“五卅”暴行在全国爆发，汕头人民也在这时发出了“收回海关”的怒吼。1926 年 1 月 19 日，潮海关监督马文车借助人民的力量，首先从洋人手里夺回汕头 50 里内的各个常关卡，收归海关监督公署。1927 年 9 月，中国国民党革命委员会任命郭沫若为潮海关监督兼交涉员，再收回 50 里内的所有分口岸。

迫于中国人的斗争反抗，1928 年税务司又象征性地对石碑山灯塔进行改造。此次改造换上了电灯器，采用柴油机供电。1932 年 1 月，中国国民政府从英国人手里接管灯塔，石碑山灯塔终于回到祖国怀抱。

灯守房

红军攻占灯塔

国民政府接管石碑山灯塔后，留下原灯塔技师奕伟士和逐侠诺做管理员，并由驻汕独立第2师师长张瑞贵派一个排的兵力把守。

惠来自古以来都是海防军事重地。如位于靖海湾两侧，有明代建造的南北炮台，各有火炮八尊，营房18间。在北门城外建村已831年的驿后村村南，建有“武陵驿”，东门城外有“军校场”的旧址。还有从靖海城经驿站通往潮阳的部分“古石灰官道”。在靖海城东北面约五华里处，还有明清代时建造的37座海岸烽火线“古烟墩峰火台”等。

派重兵把守海防军事重地的咽喉“石碑山”，本来不足为奇。奇的是名将张瑞贵的兵，竟然不堪一击。

1932年4月，中华苏维埃共和国临时中央政府主席毛泽东率领由中国工农红军一、五军团组成的东路军从长汀出发，挥师南下，同年4月19日一举攻下福建漳州。为防止国民党的反扑，红军派出先锋队，先行打通通往汕头的道路，为移师汕头做准备。5月初，由10多名战士组成的侦察小分队，乘木船攻打石碑山灯塔，仅10多分钟便攻占了灯塔。

有人说，驻守灯塔的只是张瑞贵的地方还乡团。也有人说当时在灯塔的国民党士兵并不多，大部分都集中到汕头港去了。

原来，这段时间还发生了一件事关乎汕头存亡的大事。

据史料记载，1932年4月29日，日军在上海虹口公园举行宏大的阅兵仪式庆祝日本天皇诞辰日，朝鲜义士尹奉吉出于对侵略者的义愤，潜入阅兵台，安放定时炸弹，炸死日本陆军司令白川，炸伤日驻华公使重光及师团长植田等多人。

当这一震动全球的重大新闻传到汕头时，汕头知名报刊《汕报》社长张怀真在该报发表了《惜乎不中》的社论，高度赞扬尹奉吉的英勇行为，号召国人向尹义士学习、致敬，团结一心，共御外侮。社论按国人往常习惯，将日皇称为“倭皇”。

《汕报》的社论戳痛了侵略者的神经。日本驻汕头领事馆以备忘录知会汕头市政府，说《汕报》侮辱天皇，要将《汕报》查封，扣押社论作者张怀真。汕头市政府认为，“倭皇”乃我国民对日皇的习惯称谓，并无侮辱之意，至于社论呼吁国民团结御侮，乃世间常理，谁侵略中国，中国就应该抵御谁，也无不妥之处。这时国民党的汕头市政府民族气节尚在，并没有答应日方的要求。

侵略成性的日本帝国主义者并不因此而罢休。过了几天，汕头海面突然驶来大小日舰20余艘，其中7艘直驱入汕头港，还卸下炮衣；与此同时，日本领事馆蛮横地向汕头市政府发出最后通牒，限令汕头市政府在48小时内：封闭《汕报》报馆，将《汕报》负责人张怀真拘捕并送到日舰惩处，赔偿日舰开来汕头的军费，保证在汕头的日侨安全，禁止任何反日言论，保证今后不再发生类似事件。

侵略者的叫嚣，使汕头市战云密布，形势十分紧张，汕头市政府急忙寻求应对之策。

这时的张怀真，异常镇定，他连夜撰写第二篇社论，于第二天在《汕报》刊登：

1. 社论毫无错误之处。然而，为汕头人民免于战祸，倘若我方政府要《汕报》停办，我愿遵从。

2. 倘若我方政府认为我的言行有碍中日邦交，我甘愿接受国家的任何惩处。

3. 倘若当局听从日方，欲拘捕我并送往日舰，则日方不仅侮辱我个人，而且侮辱中国的独立地位；为国家体面、报人尊严和个人人格，我宁可自杀。

张怀真义正辞严，娓娓道来，内争外侮有别，有理有节，充分体现了中国知识分子宁死不屈的凛然正气。

正当日方剑拔弩张的紧要关头，驻守汕头的国民党师长张瑞贵勇敢地站出来。他被日方的无理行径所激怒，公开发表谈话，坚决支持张怀真和汕头市政府的正义立场，声言以个人权位甚至生命捍卫国家主权。他迅速采取强硬的应变措施，一面宣布全市紧急戒严，派兵包围监视全市数百名日本侨民；动员全师官兵进入战时状态，连夜在妈屿布下水雷，封锁汕头港口，防止敌舰进出，一面派兵将张怀真的眷属护送至潮州暂避，动员在日舰炮口下的市民疏散。

应对措施落实后，张瑞贵宣布：拒绝日方“最后通牒”，如日舰胆敢向市区开炮，立即杀死所有日侨，一切后果，由我张瑞贵个人负责。

几天后，色厉内荏的日方见汕头军民同仇敌忾，自知理屈，只得做出让步，与汕头市政府发表联合声明，表示消除误会，和平解决事件，日舰无条件撤出汕头港口。

而这一切，闭塞在海边的石碑山灯塔及战斗双方，又如何得知？红军占领灯塔 10 天，在撤退时“带走了”灯塔管理员奕伟士和逐侠诺等人。

张瑞贵再派国民党士兵把守灯塔。

易址重建钢塔

由国民党维护的石碑山灯塔每况日下，主要原因是经费不足和缺少专业的灯塔管理员。1935 年，由于柴油断供，灯塔一度用汽灯发光，透镜不再旋转，由晚上一直亮到天明。后来虽然恢复供电，但灯塔始终没有间隔的灯闪。

抗日战争爆发后，地处华南海防前线的汕头，与被日本占领的台湾仅一水之隔，在战略上具有重要地位，日本侵略者的北占南侵计划早就把汕头作为一个战略目标。而且，1938 年，广州陷后，我国抗战全靠汕头这个唯一吐纳海口，军需用品、汽油汽车等各种物资，经由南洋群岛及香港，输入汕头，再由汕头经潮安、揭阳，入韶关分流全国各省市。因此，日本侵略者在不断用飞机轰炸、用重金收买汉奸之后，1939 年 21 日，日军饭岛、富田、德茶、大赖户、竹内、厚地 6 个大队，以及 40 多艘舰艇和 43 架攻击机、侦察机，齐攻汕头。期中的一支约千人的海军陆战队，19 日提前在石碑山登陆绕道进入汕头，并在汉奸的帮助下潜伏城内，内外夹攻，汕头沦陷。

石碑山灯塔落入日寇手中。

1943 年，日本在太平洋战争中战事吃紧，急需调动驻汕日军救援。日军在撤离石碑山时，拆毁了灯塔的灯楼，带走灯器，灯塔交由伪维持会管理。1945 年，眼看日本战败，时任伪维持会会长的方世模，下令将灯塔彻底炸毁。

石碑山又回到国民党政府的手中，灯塔却没有了。石碑山海域礁石密布，曾有许多船只在此触礁，对往来船只威胁甚大。为此，1947 年，汕头国民党政府退回到离原灯塔西面约 200 米的更高处，选址重建一座框架格式钢塔。钢塔于次年建成，塔身为灰色方形，顶标为锥形。塔高 33.5 米，灯高 44.4 米，开始安装国产 375 乙炔气灯，后改为电力白光环照闪光灯，10 秒钟闪光 1 次，射程 18 海里。

钢塔塔身虽然比原灯塔矮了些，但地势高，灯高就更高了。

据说竣工那天，海面上突现万丈霞光，接着出现了几艘外国轮船。过了一会，轮船变成了一座座桥梁，桥梁不远处出现了几座山峰，继而又化古式碉堡、现代高楼大厦，这些奇景在阳光照射下，逐渐变成了浅红色，更加神奇美丽。其实这是海市蜃楼。

海市蜃楼在惠来出现并非罕见。距石碑山十多海里的神泉港，多则一年几次，少也有数年一次，景物或许不同，持续时间从几秒到几分钟与几小时不等。建国以来，惠来就出现了 20 多次，比因海市蜃楼而名闻中外的山东蓬莱和浙江普陀出现频率高得多。1984 年 3 月 27 日，惠来再现海市蜃楼，天空中出现 5 层古式碉堡和现代建筑群，持续两小时。最近的一次则发生在 2005 年 3 月 9 日，持续了 3 个多小时。当地人把这种自然现象叫做“金狮围城”，认为是好年景的兆头。一旦景成，万人空巷。传说，明嘉靖年间进士王玮为了一饱眼福，特地申请到惠来做县令。

海市蜃楼出现在石碑山附近，却是很少。灯塔竣工之日突现，意示政府为人民做了一件好事，汕头国民党政府很是高兴。

然而，好景不长。1949 年，随着解放汕头的脚步声临近，败退的国民党军队，在撤走前又将自己亲手建造的灯塔炸毁，石碑山又回到无灯塔的年代。

汕头解放后，解放军驻兵石碑山幢。1954 年，人民政府复建灯塔，改用塔式钢架结构，塔高、灯高、灯闪和射程与原钢塔相同，增设了雾天信号灯。灯塔由海军管理，海军在附近村庄选聘优秀青年为灯塔管理员，做灯塔日常保养工作。1970 年，海军又在石碑山设导航台，使用罗兰 A 无线电导航，石碑山助导航功能更加完善。

回旧址建钢筋混凝土塔

1982 年，全国航标移交地方管理，海军将石碑山灯塔和罗兰 A 无线电导航台一起移交给汕头航标区，并允许在部队管理航标的官兵，退伍到地方继续管理航标，于是很多航标兵到航标部门，充实了航标队伍。

接管灯塔四年后，汕头航标处对灯塔进行升级改造，应用英国法罗斯公司 PRB-46 ①型灯器发光，能源使用石碑山导航台交流电 220 伏电源供电，灯质闪白 8 秒，灯光射程 18 海里。1998 年，罗兰 A 无线电导航台关闭，灯塔改用 2135 系列柴油发电机组供电。

结束了使命、辉煌了半个世纪的罗兰 A，其柴油机、发电机、调压器、测速表连同为其服务的手工吊机、手推车、木爬梯一道，现在成为了航保人保护的“文物”，安静地躺在灯塔站的库房。

20 世纪 80 年代，全国改革开放在如火如荼的进行。作为改革开放前沿的广东，港口建设和海运业迅速发展，海运轮船呈几何级增长。与此同时，已经服务了三十多年的钢架灯塔逐渐老旧，远远不能满足日益增长的航运安全需要，建设新灯塔显得尤为紧迫。

1989 年，汕头航标处决定在距离原铸铁灯塔约 40 米处，兴建一座钢筋混凝土灯塔。灯塔委托汕头市建筑设计院勘察，华南理工大学船舶与海洋研究所设计，广东省第二建筑工程公司四处承建施工。灯塔于当年动工建设。

1990年6月，新灯塔建成。塔身为钢筋混凝土结构，白色圆桩形，抗震能力8级。塔高59.1米，灯高68.2米，主灯为英国法罗斯公司PRB–21型灯器，备用灯PRB–46①型灯器，灯质10秒1闪，灯光射程达24海里，是国家一级灯塔。经历沧海桑田、岁月洗礼，石碑山灯塔虽经历几拆几建，但始终承担着她的使命，至此终于固定下来，其重要性不言而喻。新灯塔是华南东部沿海的重要助航标志，是南海海区著名的大型灯塔，也是粤东沿海干线的重要转向目标。

石碑山灯塔领海基点

新灯塔顶部装有翼板六块，增大目视有效作用半径20海里以上；灯塔上安装有PHALCON–2K雷达应答器，作用距离20海里；其上琮配置无线电导航系统，有效工作距离达50海里，可全天候使用，是中国16个导航台之最高者。

1996年，中国政府第二次发布关于领海范围的声明，石碑山角的中国领海基点，就在灯塔旁边。领海基点是维护我国海洋权益和宣誓主权的重要标志，对维护我国的海洋权益、巩固海防建设、保护海洋环境、加强海洋管理等具有长远的战略意义和重大的现实意义。

灯塔是风景，也是观景台。灯塔是国家主权的象征，更加神圣威严！

石碑山灯塔

灯塔的东面，伫立在海滨之上的座座风轮从容地随风转动。那是坂美石碑山风电场。该风电场是全国最大的风电场，是首批国家特许权示范项目之一。风电场由167台容量为600千瓦的国产风机组成，总装机容量为100.2兆瓦，项目总投资为6.78亿元，全场建设110千伏变电站2座，所有信号通过光纤电缆传送到主控站集中控制；灯塔的西面，是一片红树林连接碧蓝的大海。那里曾经是一片鲸游鲵潜的深海，惠来县博物馆的鲸鱼头骨化石，就在这里出土。据说这片目前仍然宁静的海域，即将动工建5万吨级的深水港。登塔远眺，是浩瀚广阔、一望无际、碧波万倾的南中国海，令人心旷神怡、心旋飘荡。

“石碑山下卷浪峰，巨塔雄威穿碧空，闪闪银光照千里，指点迷帆映彩虹。”风轮、海湾，陈年古迹，未来新港。石碑山这个海岬，是这样的别开生面，灵动传奇。随着海上丝绸之路号角的吹响，石碑山灯塔这座海运航标，必将成为中国走向世界的世纪航标。

永恒的“白火”
——南澎岛灯塔纪事

南澎列岛在广东省汕头市南澳县东南方向 20 多公里的海上。列岛由东澎、中澎、南澎、芹澎四岛组成，渔民称为四澎。四澎周围还有许多小岛屿和礁石，如星河般排列成一串北东向的岛链。因一群小岛常常处在惊涛骇浪之中，也有浪花岛之称。

主岛南澎又名大澎，海拔 68.8 米，只有 0.34 平方公里，是南澎列岛的最高岛。岛上有三个标志性建筑：灯塔、万国楼、烈士群雕。

灯塔位列三景之首瞻。不仅因为其灯塔魁伟醒目，给船舶以方向，给人以力量，更因为经历了百多年风雨沧桑和战火硝烟的灯塔，以其美丽的传奇故事和曲折经历，使南澎岛多了许多神奇色彩，让人神往。

南澎岛灯塔，始建于 1874 年，原塔为白色圆形铸铁拼装塔，塔高约 16 米；1918 年，汕头强烈地震被毁；1921 年复建，1952 年解放南澎岛时被炸毁；1986 年由航标部门复建南澎岛灯塔，塔身为白色圆形玻璃钢塔，塔身 8 米，1991 年被 19 号强台风袭击，整座灯塔被吹倒，建临时灯桩；1994 年重建南澎岛灯塔塔高 22.8 米，灯高 92.2 米，射程 24 海里，为白色方柱形混凝土灯塔，是粤东沿海干线进出台湾海峡南口的重要标志。

1874年南澎

沧桑史迹

现在的钢筋混凝土灯塔，是南澎岛的第四代灯塔。前三代分别是铸铁、铁架、玻璃钢结构。

第二次鸦片战争期间，西方列强以调停为名，诱迫清政府订立一系列丧权辱国的《天津条约》，致使在《北京条约》已经对外开放天津为商埠后，1858 年我国又增开牛庄、登州、台湾、潮州、琼州、汉口、九江、南京、镇江、淡水、登州等 11 处港口为通商口岸，汕头彻底沦为西方列强全面欺凌掠夺的地区。

英帝国为控制太平洋黄金航道，操纵设在伦敦的海上人命保险机构“万国公司”，巧立名目在中国及亚洲地区强行征收过往船只通行费。

南澎岛地处台、闽、粤三地交汇的海域，是闽粤海上交通要冲，也是西方轮船进入广东的主要航道，但每年都有船只触礁发生海难。1872 年，“万国公司”受命在南澎岛修建灯塔。除了收取船只通行费，也有降低保险赔付的原因。

1874 年，南澎岛灯塔建成，用柴油机发电，旋转发白色光，当地渔民称之为“白火”，此外，万国公司还在距离灯塔 305 米的西澎建一个灯桩，定向闪红光，称为“红火”。“白火”为当时闽粤塔身最高、射程最远的灯塔之一。

在建设灯塔的同时，万国公司还在灯塔周围建设了 8 栋附属建筑，作为灯守房，雇用中国工人做维护灯塔的苦力。在其附近建设万国楼作为征收过往船只通行费的办事机构用房。这些建筑至今还保存完好。灯守房和万国楼每块砖都从英国本土运来，都有三个英文字母 KMA。

据史书记载，在灯塔建成后的长达 64 年的时间里，所有过往南澎岛的中国商船，都需向万国公司缴纳高额的费用。“万国楼”成为中国人在自己领土通行，向外国人缴纳费用的屈辱见证。这时的“白火”是黑的。

或许是大自然对侵略者的控诉，1918 年，汕头地区发生强烈地震，

南澎岛灯塔几乎全部被毁。据南澎岛灯塔一位管理员记述，大地震使灯塔站内“损失奇重，洋员宿舍，院墙皆已被毁，水池之水，悉为荡空，高灯之塔(钢架)，虽巍然未动，而透镜则损坏不堪，华员宿舍完全倒塌。火药库，储油室亦皆倾圮。低灯之柱脚则已震斜，嗣将板架垫起，始稍正直，全站非重新建筑，不克应用”“当地震剧烈之时，全体职员无一椽之庇，且仅持地穴泉源含有盐味之承以供饮用”。塔之西南有小谷一，震时地裂，涌出一泉，嗣经开浚成井(经调查系基岩中震出一泉)。1985年在南澳岛做震害调查时，深澳镇有一位86岁老人证实，他在大地震前后多次去过南澎岛，当时在南澎岛守灯塔的英国人和5名中国人住的六间屋几乎倒平，其他的房屋也有不同程度的损坏。

地震过后三年，南澎岛灯塔才得以重建。重建的灯塔实际是恢复原貌，格局和建筑都没有改变。

遭到重创的南澎岛灯塔，劫难远未结束。1952年解放南澎岛时，灯塔被炸毁，到了1986年才由广州航道局航标测量处汕头航标区主持复建，采用玻璃钢塔身结构，塔高12米。1991年9月，强台风“纳德”登陆南澎岛，又将整座玻璃钢塔吹倒。至1994年才重建成现在的混凝土灯塔。

自有了灯塔，南澎列岛海域的海难事故减少了许多，但海域内星罗密布的暗礁，还是会让不熟悉航道的船只酿成悲剧。

1883年的农历正月十一，一艘叫“阿须乐”号的美国炮舰，上面搭乘着包括美国驻厦门领事在内的150人，途经南澎列岛时，在芹澎触礁，14人遇难，130多人获救，美国驻厦门领事侥幸躲过一劫。

1921年3月4日，客轮“鸿茂轮”号在芹澎触礁翻沉，船主遇难，成千人葬身鱼腹……其惨状比“泰坦尼克”海难有过之而无不及。

2004年7月27日，“粤南澳33090”渔船遭遇风暴，在南澎岛东南32海里处失踪。广东省、汕头市和南澳县及下属乡镇发动一切力量在南澳海面紧急搜救，驻汕头海军也出动了两艘军舰，香港先后派出3架直升机参与救援。但至次日下午3时，只有2人获救，9具尸体被打捞上岸，仍有11名船员失踪。一杨姓全家5口都在船上遇难了。

惨痛的事故向我们诉说，即使有了灯塔，不尊重自然，悲剧仍然难以避免。交通运输部南海航海保障中心成立后，提出建设综合航海保障体系，把航标、测绘、通信融为一体，将为航行安全提供全方位、立体化的安全保障。

烽火塔战

南澎岛地势险峻，四周悬崖峭壁，几乎无滩可上，仅一狭长的航道（俗称“夹坑”）供船只进出，易守难攻。素有“粤东门户、南海要冲”、“潮汕屏障之屏障、闽粤咽喉之咽喉”之说。古往今来，一直是兵家必争之地。

南澎岛特殊的地理位置，让建于之上的灯塔命运也随之跌宕起伏。

17世纪60年代，郑成功在收复台湾前后，都在南澎岛上驻军。现中澎岛上还有“国姓井”遗址，是驻军为取水饮用而挖筑。井为贝灰土石结构，围约8米，深近2米。郑成功因收复台湾有功，被隆武帝赐予“国姓”朱。因郑成功是“国姓爷”，所以凡与郑成功有关的事物，也被冠以“国姓”。在闽、粤、台湾等地，国姓埔、国姓庙、国姓乡、国姓路比比皆是。“国姓井”也因此而得。

“万国公司”经营南澎岛期间，岛上虽无驻军，但英国的军舰战舰经常在周围游弋警戒，始终将其当作重要军事要地掌握着。

“来了一群魔鬼，赶走了一群狼”。1938年，侵华日军占领南澎列岛，英国人被迫撤离。在小日本盘踞南澎岛时期，所有过往船只必须离岛2海里以上，否则会遭到驱赶甚至枪杀。据说当年有一艘渔船被台风刮近南澎岛，船主夫妇被残忍的日本鬼子枪杀。

1945年，日本战败，占岛日军撤走。日军撤走时，海盗（疑为日本忍者）洗劫了安装在上面的主要灯塔设施。日军将灯塔部分机器及贵重闪光器水银鼎盗走，并将“红火”灯塔毁坏。为此，当地渔民一说起日本人，都咬牙切齿，称其“坏事做尽”。此后，国民党派兵占据南澎岛。

1949 年全国解放后，国民党政府撤到台湾，国民党军队撤走后，解放军先锋部队占领南澎岛。

1952 年，朝鲜战争爆发，国民党以为反攻大陆时机已到。9 月 20 日，从金门来的国民党 4 艘舰船进犯南澎。岛上我海军情报参谋蔡健、情报员邱安和县政府工作组员林小发、柯盛等人组织民兵抗击，无奈寡不敌众，南澎岛再次落入国民党军队手中，并有 400 名渔民被扣押。上岛的国民党军队是受金门国民党军总部派遣的“闽南反共救国军”，共 150 人，装备优良，由少将司令黄颂声、副司令陈志山、参谋处长谢立远率领，金门政治部主任高学谦和两名美国军事顾问，也一起上了岛。台湾国民党政府妄想趁朝鲜战争之机，派一批亡命之徒占领南澎，建立一个控制航道、刺探大陆闽粤情报、向沿海及内地派遣特务和侵袭南澳岛，实施反攻大陆阴谋的前进基地。

10 月 19 日夜，解放军 41 军集中 1000 多名副班长以上并且有解放南澳岛作战经验的战士组成一个加强营，与一个炮兵营，乘坐 38 艘木帆船、21 艘汽船，在中南海军汕头巡防区 4 艘炮艇的配合下，强攻南澎岛，历

南澎岛灯站引擎室及水池

经恶战，于次日2时全歼顽敌117名，拔掉了国民党反动派妄图反攻大陆的“桥头堡”，救出了受困的渔民400名，结束了闽粤渔场生产、海上交通要道受到严重威胁的局面，粉碎了国民党的妄想。

战斗中，敌军以灯塔为主阵地，我军战士反用灯塔为掩护，与敌军周旋，炸哑了敌机枪，击毙敌副司令陈志山。

此次战役，刘存智任攻澎前线总指挥，张万年任前线指挥部作战参谋长。战斗共毙敌司令、副司令以下78名，俘敌39名。但解放军也付出了较重的代价：牺牲118人，负伤300多人，损坏帆船38艘。灯塔被毁。

1962年，解放军正式派军守卫南澎岛至今，使我国的海防前线进一步得到巩固。后来，国民党特务多次袭扰南澎岛，都被解放军击退。

此后，广东政府将每年的10月20日定为解放南澎岛纪念日。

2010年，为了纪念牺牲在解放南澎岛战斗中的战士，解放军和广东省政府决定筹建“解放南澎岛革命烈士群雕”和“万国楼陈列室”。此举得到解放军上下的高度重视。在收悉南澎岛修建“解放南澎岛革命烈士群雕”的报告后，前中共中央政治局原委员、中央军委原副主席张万年欣然为群雕亲笔题名，并为驻岛连队题词“牢记历史、镇守国门”，广州军区原代司令员刘存智也为驻岛连队题词“以史育人、振兴国防”。

2011年5月，解放南澎岛革命烈士群雕和万国楼陈列室建成。烈士群雕全部由花岗石材雕凿而成，选取了解放南澎岛的胜利场面作背景，6位烈士形象逼真、栩栩如生，充分彰显了革命烈士敢打必胜的信念和勇往直前的大无畏精神。整个建筑由主体雕塑、基座、瞻仰平台三部分组成。主体雕塑高5.2米，寓意为南澎岛是1952年解放的；基座长8.8米，宽3.0米，高1.18米，分别代表在保卫和解放南澎岛战斗中，解放军指战员牺牲88人，民兵、船工和政府工作人员牺牲30人，共计118人。

2012年10月，为纪念南澎岛解放60周年，张万年副主席再次为驻岛官兵题词“发扬传统，再创辉煌”。

万国楼外墙至今还弹痕累累。陈列室内陈列着许多实物和样品，真实地重现历史，无声地警示后人。特别是，万国楼与庄严肃穆的烈士群雕放

离奇“风”情

登上南澎岛是幸事，住在南澎岛却是苦差事。

南澎岛全岛都是裸露的石头。春天，岛上常常是白雾萦绕，终日不散，早上拧干晾出去的衣服，到了晚上又变成湿的；夏天，沙滩表面温度超过60℃。台风季节，波涛翻滚，岛上飞沙走石，暴雨如注，人随时随地都有可能被卷入茫茫大海。秋冬两季，风浪频繁地光顾着“浪花岛”，大海咆哮，十几丈高的海浪铺天盖地，甚至可从岛的峰腰飞越而过，连人都要躲进坑道里。

南澎岛的大风无法预报，也无须预报。因为，每年7级以上的大风天气有200多天，预报实在有些多余，除非有12级以上的台风。如此密集的大风浪，想找到机会上岛，非常困难。

1996年6月的一天，南澳岛万里晴空，海面出奇的平静，这已经是期待已久才遇到的好天气。是日，汕头航标处组织6人前往南澎岛灯塔修复太阳能板承墙。

之所以是墙，是因为去年用来支承太阳能板的钢架，不到一个月就被告大风刮散，只好用砖石砌一堵墙来安置太阳能硅板。谁知那墙在狂风大雨的肆虐下，仅半年多又出现墙面剥落和固定太阳能板的螺杆松动的现象，急需修复。

刚修复了墙体准备离岛，突然狂风怒号，接着下起倾盆大雨，一行人只好躲进连队的山洞里。他们想不到，这一呆就是十多天。

每次上南澎岛，都要做滞留岛上的准备。但因预料不到要待这么长的时间，所以他们只带了少许食物。头两天还可以吃上腊肠青菜什么的，接下来就剩下两个大冬瓜了。所以有近一周的时间里，他们吃的除了冬瓜还是冬瓜，冬瓜煮汤、冬瓜炒冬瓜。有战士叫他们到营房去吃，但连队更不容易，连队人多，因大风补给船很久不能来，战士们也是“素面朝天”。

幸好还有鱿鱼和紫菜，这两样都是扬名海外的好东西。鱿鱼贵得离谱，每公斤150元（当时航标工的月工资也就300~400元）。紫菜倒是不用花钱，可因过度采摘，能找到的也只够煮汤。

南澎岛的鱿鱼称为“宅鱿”，也叫枪乌贼。渔民管钓捕鱿鱼叫“掇鱿”，捕获的鱿鱼置海滩岩礁上任南海风日烤晒成干品，然后砌一个窑将鱿鱼闷在里面一段时间，取出后便发出一股浓郁诱人的芳香，让人垂涎三尺。来过岛上的人都认为，“宅鱿”是世界上最美味的鱿鱼，也许，在这样的环境中，鱿鱼确实十分珍贵，更显美味。

每年立夏的入暑后是鱿鱼的活跃季节。附近渔民或划着竹筏，或由机船拖着竹筏到南澎列岛的海域掇鱿，更远的甚至到东南的台湾浅滩；入夜，列岛海域可看到千筏万灯游弋海上。渔民悬灯掇鱿的壮观场面，是南澎列岛的一道独特风景。

据说，用灯来“掇鱿”❶也来自于灯塔。传说，初时渔民并不知鱿是趋光动物，夜渔称“掇乌暗鱿”。清咸丰年间，有一位抽鸦片渔佬每次出渔总比别人钓得多，原来他总点着一盏四角玻璃罩小灯，引得鱿鱼在排边游来游去，于是大家也如法点灯诱鱿，后又用上安全灯。“民国”十九年（1930年）夏，隆东村港畔村渔民杨老居作业时不慎打坏了安全灯，岛上一管灯塔的人把一盏汽灯借给他，不想明亮的灯光使诱集的枪乌贼特多，杨老居喜获大丰收，于是，大家都用起汽灯来了。

现在，列岛附近是南澳的传统渔场，每年夏秋季南澳渔民以列岛为基地，夜间划着竹排，点上汽灯电灯，捕捞鱿鱼。

再说说紫菜。南澎岛的紫菜不是市面上的紫菜，它是一种藻类，南澳的特产，其干品就是市面上的澳菜，因营养丰富、品位高而享有盛誉。据说早在1876年，英国一位船员通过“万国公司”的管灯人捎带了数捆采自南澎岛的天然紫菜回国食用，其独特风味轰动了这位船员的故乡，从此澳菜扬名海外。

这样的日子，对于常年驻在岛上的官兵来说，那是家常便饭。在南澎岛呆上一年，大小台风至少刮上近百次，有时一刮就是一个月。比这更苦的日子，他们经常遇到。

---

❶ 掇鱿：利用鱿鱼趋光的特性，用由一根荧光棒和多个金属倒钩构成的菊花钩钓鱿鱼，南澳当地渔民管这种方法为“掇鱿”，即骗鱿鱼上钩的意思。

2006年12月，12级强台风“榴莲”夹着暴雨正面袭击小岛，这个台风还没过去，又一个台风接着过来。10级以上的风连续刮了40天，适逢岛上储备粮更换，送给养的船几次靠码头均未成功，岛上官兵吃完青菜，吃咸菜，吃完了大米，吃黄豆，粮菜吃完了，就吃喂猪的牛皮菜、地瓜叶。

后来，为解决蔬菜自给问题，官兵们学起“燕子垒窝”，利用出差、学习、休假、送给养等上下岛机会，背来一袋袋泥土，用石头垒起一块块“袖珍”菜园，栽种瓜菜。现在连队蔬菜自给率已经达到90%。

驻岛官兵把灯塔看成是他们生活中的一部分，创作了《心中的灯塔》这首歌曲。并主动协助看护灯塔，如发现灯塔被损坏或发生故障，立即告知汕头航标处前来修复。战士们说，有我们在，再也不能让“白火”变黑。守护灯塔，不仅仅是我们可爱的灯守员，灯塔也是每个人需要精心呵护的“希望之光”。

交映生辉两标杆

——遮浪岩灯塔纪事

遮浪岩有两个熠熠生辉的标杆。一个是遮浪岩灯塔，指引航向，护卫航线，物质标杆；一个是守塔人苏贵聪，全国劳模，广东省模范共产党员，精神标杆。

遮浪岩灯塔位于南海红海湾与碣石湾交角的遮浪半岛上，始建于1911年，足有二十层楼高，圆柱形，全部采用花岗石砌筑而成，是当时沿海灯塔建筑史上较大工程之一，配置的灯器、灯头、烛光也是沿海灯塔之最。灯塔的规模、等级仅次于世界上的南非洲好望角、南美洲合恩角和伦敦、纽约港口的几座大灯塔。1949年8月国民党部队因故将该灯塔炸毁；2000年9月重建遮浪灯塔，为白色砖塔，灯高63.3米，射程18海里，被称为“红海湾上不落的北斗”，是粤东沿海干线船舶进入红海湾汕尾港的重要标志。苏贵聪是一位老航标，是“点燃自己，照亮别人”航标精神的标志。

遮浪灯塔

Chilang Lighthouse

半岛取名“遮浪”，是因为半岛形如巨人的一只手臂伸出海面，然后往回弯曲，筑成一道天然屏障挡住东西南三面风浪侵袭陆岩而得名。遮浪海域是从南洋的雅加达、新加坡至香港、汕头、厦门、宁波、上海、青岛、天津、大连，一直到日本的西太平洋主要国际海运航线。遮浪岩灯塔因此而闻名海内外。

遮浪岩灯塔始建于清末。1911年，国际航运组织万国公司在岛上建成了世界有名的大型灯塔——Chilang Lighthouse。灯塔的规模、等级仅次于世界上的南非洲好望角、南美洲合恩角和伦敦、纽约港口的几座大灯塔。

灯塔足有二十层楼高，圆柱形，全部采用花岗石砌筑而成，是当时沿海灯塔建筑史上较大工程之一。灯塔配置的灯器、灯头、烛光也是沿海灯塔之最。

灯塔建成的头几年，天空夜游的各种嗜光鸟雀成群飞向灯塔投光撞死，躺满了周围地面，次日早晨清洁工人将收集到的死鸟足足装满十个大箩筐倒进海里。几年之后再没有出现这种现象。这是建灯塔前没人料到的惨剧。

塔内，沿着镶嵌在石壁上的螺旋形扶手铜梯，蜿蜒而上到达塔顶。一间用透明玻璃封闭起来的大密室，室内有一座由二十多根二米多长、粗大的镰刀形三棱水晶巨柱组成，如西瓜般的庞大装置，这就是灯座。灯座的圆盘底座下面注满液态水银，内部有一组结构复杂的仪器围绕着一盏亮度特强的光源。

灯座严格地按照预先编定的速度和间歇时间、次数有规律地不停旋转，每天夜里横扫海面的光柱就是从这里折射出去。登上塔顶，可凭栏瞭望欣赏远处的海景。

据说，除了花岗石就地取材外，灯塔的建筑器材、技术人员、施工工人都从境外运来，历经整两年完工。

灯塔还配备设施齐全的配套工程，包括工作人员的住房、主人专用会客室、读书室、健身娱乐室、厨房、餐室和仓库等等。所有配套工程也和

1911年始建遮浪角灯塔

灯塔一样全部采用花岗石建造，抗风力强，纵然遭遇十二级以上的台风巨浪也不会损毁。此外，灯塔附近还建有一个网球场和一座专用码头。20 世纪 20 年代，一艘装饰豪华的荷兰某航海学校的实习船，载着一批学员从欧洲来到这座国际航海界知名的、设施齐全、设备先进的现代化大型灯塔参观、实习。这批穿着奇装异服、体格健壮、精神饱满的北欧青年还登岸到遮浪海滩上操练、参观附近渔村。他们的行动，引来了村民的好奇、围观和欢迎。学员们做出各种滑稽的“鬼脸”和动作，用手势、动作、笑声来表达对当地群众的感激之情。

灯塔主管

Chilang Lighthouse 的第一任主管是葡萄牙人，叫申多士，为万国公司所派，负责灯塔的检测、维修和精密部件保养，并记录海域周边的风向、风力、雨量、水温、波浪等气象和水文情况，1915 年离开灯塔回国。灯塔还雇用了当地一徐姓村庄的 10 多人为工人，负责日常的灯塔维护、场地清洁和后勤保障工作。

后来，万国公司先后派英国、荷兰、西班牙等国籍的人来任灯塔主管，据说这些人都是本国出色的灯塔主任。1937 年，万国公司派来一名叫 Capt. G. Howell 的英国人任灯塔主管，是一个退休的远洋轮的老船长。遮浪人叫他“番仔好”、“阿好”。

据番仔好自己介绍，他父亲也是太古公司的船长，母亲是香港人，他从小就在香港生活、长大，因此自己能够说一般的广东话（粤语）。他说老婆孩子都在香港居住，每年只来灯塔探亲两三次。他还说，每半个月香

港的补给船“平清”号准时来灯塔靠码头，运来灯塔所需物资，供应他与工作人员的食品、生活用品、书籍、报刊画册等。饮食用水也是由香港运来，如因风浪补给船不能到来，他们只能用平时收集的雨水。

番仔好平易近人，好客。据一位叫绿野的老人回忆，1939年至1941年，他在遮浪工作和生活。这期间每逢周末、周日，便和同事请小艇去灯塔遊玩。他们每次去灯塔，番仔好总是非常高兴，邀请他们到会客室聊天，喝咖啡、吃罐头水果，到他的书房阅览画报，有时还陪着他们去网球场玩球。

现在上了年纪的当地渔民对这名主管的印象都很深。他风趣幽默，与大家相处十分融洽，在这样一个狭小的活动范围，把中西方饮食文化很好的结合，在当地已经很有名气。潘仔好十分好客，经常邀请当地居民到灯塔上做客，并亲自下厨款待。由于中西饮食差异，他创造性地把英国简约的烹饪技术与传统的潮菜相结合，制作了各种以海鲜为原材料，面包为辅料的海鲜点心，味美、色香、鲜甜、精致，被当地人成为“灯塔饼”。但如今，“灯塔饼”的制作工艺经过多次改良，即使是潘仔好重来，也品不出当年的味道。

涅槃重生

1941年，太平洋战争爆发，日本侵略军很快占领了南洋、东南亚大片土地，日本军舰横行整个东南亚大海，远东西太平洋原有的海上航运格局被彻底摧毁，番仔好及遮浪岩灯塔的外国人全部撤走。灯塔被国民党军

队占住，由留下来的徐姓工人看管。

1942 年 3 月 6 日，灯塔上截被国民党保安团团长邓龙起炸毁，灯塔不能发光，造成附近海域海运事故频频发生。

1946 年，一艘载着二千余名乘客的新加坡“和丰”公司的大客轮“丰庆”号因迷失航向在遮浪附近触礁沉没。所幸当时香港及时派来救生船、直升飞机抢救，所有乘客不准携带行李，只身离船，全部乘客安全脱险。那艘巨轮却一直躺在遮浪海底。

“丰庆”号事故后不久，又有一艘荷兰渣华公司客货轮“万福士”号，也因迷失航向，误入礁区而搁浅，虽然没有人员伤亡，但甲板上的许多设备设施被弹飞入海中。半个月后，渔民在遮浪海面捡到两条“万福士”救生艇，送给汕尾水产学校作为学生训练海上操艇之用。

海洋意识薄弱的国民党士兵，哪懂得航标对于海运的重要意义？1949 年 8 月，驻守遮浪的国民党部队在退守台湾之前，将灯塔连同附属建筑一并炸毁。从此，遮浪海域的大小海运事故经常发生，严重影响了这一带的航行安全。

现在仅存的6米高塔底，似在无声地诉说国民党的暴行。

全国解放后，百废待举。而作为水运安全保障的航标，却上升到国家重点扶持项目的高度进行建设。此后，古老的灯塔，终于在新中国的建设下，再次焕发青春活力。

——1953年初，广州航标管理部门在原灯塔遗址上，架设起一座约8米高的铁灯架，配置两盏煤油航标灯。是年7月，为适应军事斗争形势和发展海上运输，航标移交海军管理，海军派战士在灯架下轮流值守。

——1958年，人民海军拆除灯架，对旧灯塔底层作简易改造，使之成为灯桩。灯桩高5.5米，配装国产375毫米乙炔气灯器，灯光射程达到15海里。1959年，国家在原灯塔附近建设遮浪波浪水文气象站，现称国家海洋局遮浪海洋环境观测站，至今观测站仍然为开发区乃至汕尾市等周边提供了可靠、科学的海洋水文、潮汐、气候、气象等的资料。

——1982年，海监体制改革，海军将所有航标移交汕头航标区管理。汕头航标区对该灯桩灯器和能源再一次升级改造，配装英国法罗斯公司PRB-46型灯器，采用太阳能电池，灯光射程达到18海里。

2000年9月，汕头航标开工重建遮浪灯塔，2001年7月竣工启用。新灯塔塔身为钢筋混凝土结构，外镶白色瓷片。主灯配装西班牙进口的BGA-600型灯器，副灯ML-300型灯器，主副灯可以自动切换。灯光射程最高达到20海里。Chilang Lighthouse涅槃重生！

精神灯塔

番仔好走后的三十多年，遮浪岩灯塔再也没有专职的灯塔主管。这里有战争的原因，有灯塔被毁坏的原因，有“文革”动乱的原因，也有国人“重大陆，轻海洋”的意识在内。

1976年粉碎“四人帮”以后，随着“文革”浩劫的终结，中国社会回到经济建设的轨道上来，航标管理得到了进一步的重视和加强。这一年，苏贵聪被派住遮浪半岛，专职值守遮浪岩灯塔。

说是灯塔，其实只是一座简易的灯桩。但苏贵聪像操持自己的家一样，开道路，除杂草，把灯桩内外环境整理得井井有条，擦灯罩，上油漆，让灯桩每天都保持着崭新的面貌。

2001年，新灯塔建成，苏贵聪高兴得像得到个宝贝孩子，在灯塔上倾注了全部的感情。

苏贵聪

苏贵聪的灯守房在距离灯塔一千多米的陆岸上。去灯塔要经过一个水流湍急，礁石密布的海峡。30多年来，苏贵聪已记不清楚发生过多少危险的事。

有一次台风来临的前夕，海面上风平浪静。苏贵聪和伙伴们准备到灯塔上做加固工作。没想到，船刚走了一半，突然起风了。狂风巨浪把他们的木桨打断了，失去了“臂膀”的小船被风浪任意左右，高高的浪花不时从他们的眼前跃过。突然，一个巨浪打过来，弱不禁风的小船被抛了起来。就在即将被海浪吞没之际，一艘打算进港避风的渔船发现了他们，把他们从死神边上救了回来。死里逃生，有泪不轻弹的两名汉子第一次流下了热泪，他们为渔民这种奋不顾身的救援而感动。

还有一次，12级以上的台风登陆汕尾。苏贵聪发现，那艘绑在岸边的小船被狂风吹断了绳子。为了抢救国家财

产，他顶着狂风暴雨，冲出灯守房，拼命想把满载灯器、设备的小船拉回岸上。当时，呼啸的狂风夹着巨浪向海滩扫过来，苏贵聪整个人被卷了起来，又重重地摔在地上，头撞到了礁石上，顿时不省人事。那时候，是附近的渔民、官兵和他的伙伴冒着生命危险，把他从海滩上救上来。救上来时，苏贵聪处于昏迷状态，怀里仍然揣着灯塔抢修应急包，并在驻守的海军的帮助下，被送到了医院。苏贵聪整整昏迷了21天才苏醒过来。当人们问他为何冒这么大的危险时，他只是淡淡地说，我当时唯一的念头是保护国家财产，把小船拖上岸，抓紧维修灯塔，这条航道不能没有灯塔。

更让人们难忘的也是一次刮台风。苏贵聪被困在岛上三天两夜。由于那时没有通信工具，在“叫天天不应，叫地地不灵”的情况下，苏贵聪只能蜷缩在灯塔下面不透风的小房子里，祈祷着天气快些好转。岛上啥都没有，饿了只能挖野菜充饥，渴了则喝泉水。终于等到风浪稍为减弱，虽然这时过海还有危险，然而，凭着求生的欲望，凭着“人定胜天”的信念，他驾着小船，勇敢地与风浪作搏击，并且时刻关注着航标灯。这一次，他也幸运地逃脱了死神的纠缠，遮浪灯塔的灯光再也没有在狂风巨浪中熄灭过。

在苏贵聪这名普通的灯守员身上，我们看到了航标人克己奉公、吃得了苦、耐得住寂寞的敬业精神，看到了一名航标奉献在先、在平凡的岗位上做出不平凡贡献的本色。他，无愧于“精神灯塔”标杆。

虽说随着科学技术的发展，灯塔的维护管理越来越自动化，维护的难度也越来越小，而苏贵聪同志也即将退休，但他说，我眷恋这盏明灯，只要灯不灭，我还会继续守下去。甚至到我死的时候，我还想把骨灰撒在孤岛上，守护着这盏灯。这种对灯塔的眷恋，也是对安全守护的信念，是对社会主义核心价值观的最好诠释。

执著的金锁铜关

——金锁排灯塔纪事

广东东莞，虎门大桥下，至今已过百岁的金锁排灯塔，仍然坚毅执著地屹立着。

“自舢舨洲灯塔北望，亚娘鞋峰石崖之上，见有方形砖塔一座，是即金锁排灯塔，矗立虎门狭隘水道之中，如居虎颚，该崖露出水面之部分甚小，而低潮、涨潮之际，自远观之，不啻一扬帆之舢板也。该塔之灯甚小，系一六等红光等，乃指示虎门水道中危险地方之用。”《中国沿海灯塔志》百余字简要记载了金锁排灯塔的重要作用。

这座由粤海关主持始建于1904年的灯塔，于1906年正式建成，标高11米，灯高12.6米，方形石砌结构，该灯塔建造以来一直是广大航海人公认的重要助航标志。

金锁排灯塔

金锁铜关扼要塞

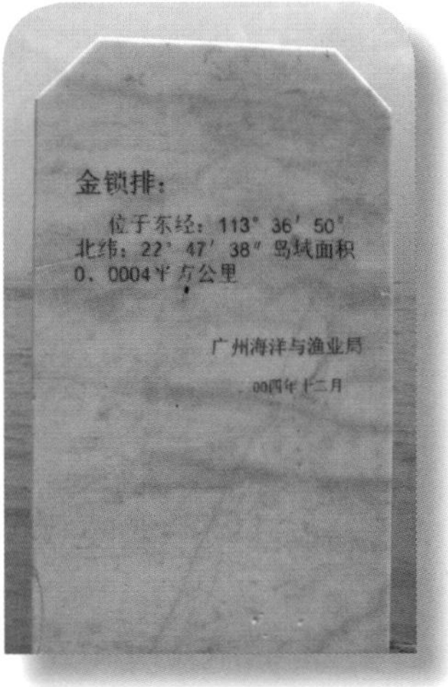

金锁排灯塔建于珠江口虎门亚娘鞋峰石崖上。相传，南海龙王有一女儿名为亚娘，驻守莲花山神虎将亚娘抢走。为救爱女，南海龙王与莲花山神虎在虎门大战三天。在交战中，南海龙王击落神虎的虎木棍，断成两截，遂形成了上下横档。神虎被龙王降住，导致早产，神虎生下虎儿，随神虎俯伏在珠江江心，遂幻化成大小虎山，虎门也因此得名。龙女亚娘在逃跑时，掉下的绣花鞋由此便成了虎门口的亚娘鞋岛；亚娘逃出神虎的莲花山之后，找到太平无事的地方避难，称为太平。这段感人襟怀的神话故事一直为后世人们所传诵，东莞许多地名也由此而来。而金锁排灯塔的名称，则从我国近代民族英雄林则徐所带领的抵御外侵、虎门销烟的壮丽悲歌而得来。

虎门，顾名思义，便是如虎口之门，所指的是珠江口番禺南沙和东岸的东莞太平之间。震惊世界的销烟锣鼓在这里擂响，中国人民近代反侵略斗争的序幕在这里拉开，抗击外国侵略者的隆隆战炮在这里打响——中国的近代史也从这里开篇。这里是鸦片战争的古战场。金锁排灯塔与举世瞩目的销烟池旧址、雄居珠江口的虎门炮台旧址以及一门门锈迹斑斑的古炮遥遥相望，向人们诉说着那段悲壮的历史，吟唱着感人的民族精神。

声势浩大的禁烟运动激荡了中国人民的浩然正气，汹涌澎湃的反英斗争激扬了中国人民的刚强斗志。林则徐在收缴英国鸦片之前，早已预料到，英国殖民主义者会以此为借口对中国实施侵略。思维敏锐的林则徐则立即会同广东水师提督关天培和两广总督邓廷桢，不断充实珠江口的水上防御力量，随时准备着阻击来犯我疆土侵略者的进攻。

珠江口是广东水上防御的主阵地。珠江自黄埔奔流向南，流至虎门水域，江面“大虎”“小虎”两座山对峙，形成虎踞之势。广州是中国的南大门，而虎门则是广州的屏障。要保住广州，必先守住虎门。虎门也就成为阻击外敌入侵的要冲之地。

清朝道光年间，林则徐主持在珠江口虎门两岸建造了十座炮台，为了扼守江面，防止外地舰船入侵，林则徐和关天培在虎门宽三百余丈的江底，钉下众多巨型木桩，随后在江面拉上碗口粗大的铁链，封锁江面。江两侧沿岸密布炮台，如同老虎的上下颚，扼住珠江口大门，加上新修筑的拦江钢索和木排，形成了百丈铁链横锁大江的强大阵势，因此，当时称虎门工事为“金锁铜关”的要塞。林则徐就凭借“进来不易，出去更难”的“金锁铜关”抵御入侵的殖民者。

虎门炮台是当年分布在虎门海口一带炮台的总称，包括珠江口东岸的沙角、威远、靖远、镇远、南山、蛇头湾、鹅夷等炮台等，素有“中国南方海上长城”之称、“金锁铜关”之誉。金锁排灯塔所建之地也就是横锁大江的钢索横排之地，因此，1904 年粤海关选此地兴建灯塔，也是扼守珠江口要冲，其灯塔也由“金锁铜关”要塞之而得此名。

然而，这珠江口的“金锁铜关”，终究还是没能抵挡住侵略者的坚船利炮。

1841 年 1 月，英军突袭珠江口，在攻陷虎门后占领香港，正式入侵广州。同年春天，英国的舰船向岸上清军守兵发射炮弹，掀起强大攻势。当时的广州守将关天培，誓死守卫广州，与将士同仇敌忾，奋力抵抗。但终因寡不敌众，关天培及守军将士在广州壮烈牺牲。

而今，硝烟不再，天蓝海阔，波澜不惊。曾经的要塞虎门，如今天堑变通途。历史在这块热土上，谱写了一曲曲中华儿女抗敌御侮、气壮山河的光辉篇章，传颂着许许多多、可歌可泣的悲壮故事。林则徐、关天培、守卫广州的将士们……这片英雄的土地，浸透着先烈们的热血与豪情，凝聚着虎门军民的爱国情怀。

见证风云广州港

金锁排灯塔，地处虎门，不但见证了硝烟炮火的热血故事，同时，也守望着千年古港的世代繁荣和风云变迁。

广州古称番禺，滨临美丽南海，是中国古代海上丝绸之路的发祥地。在人类海洋历史中，广州也因拥有得天独厚的海上通航条件，成为唯一的2000多年长盛不衰的大港，其在我国航运中的地位、作用不言而喻。

据史料记载，早在先秦时期的广州就如今日的广州一般，是各国商人云集，奇珍异宝交流融通的集散之地。从公元3世纪开始，广州就是我国海上丝绸之路的第一港，这个地位一直保持到宋朝中期。宋元时期，泉州取代了广州，但明清的海禁，政府下令“一口通商”，让广州继续独占鳌头。广州十三行的繁荣就是一口通商的最好佐证，而十三行也成为海上丝绸之路繁荣的巅峰。嘉庆年间，粤海关所收关税占清政府户部所收关税总额的30%，因此，广州当时也有了“天子南库”之称。

“广州通海夷道”就是当时清政府与南海、波斯湾通航的6条定期航线之一,也最负盛名。以广州为起点的许许多多如“南海一号”“哥德堡号”航船，沿着这条航道，一路前行，船队浩浩荡荡，途经100多个国家和地区，穿越南海、印度洋、波斯湾、东非和欧洲。万舸争流，川流不息，曾经广州港的繁盛，在唐代诗人刘禹锡的“连天浪静长鲸息，映日帆多宝舶来”诗句中可见一斑。

20世纪70年代的改革开放，让这南海宝地广州再次领全国风气之先，引领着中国走向现代化的进程。因毗邻港澳，广州的对外贸易再次蓬勃兴盛，千年的贸易古港重新涅槃新生。1957年创办的中国进出口商品交易会，也就是广交会，至今已举办了117届，已经成为中国对外贸易的靓丽名片，累计出口成交额超过1万亿美元。

沉舟侧畔千帆过。一百年来，金锁排灯塔默默守望着进出广州港的航船，执著而坚毅地见证着这座千年古港的风云变迁。

1983年，金锁排灯塔由黄埔港务局移交给广州航道局广州航标区管

1987年金锁排灯塔重建剪彩

理。由于周围地势复杂，浅滩和暗礁多，1906 年在此建造了一座高 10 米，射程 8 米的灯塔，指引船舶进出珠江，但由于塔身太矮、射程不远，目标不够明显，不能满足日益发展的航运事业的需要。改建金锁排灯塔成为保障航行安全的当务之急。经原交通部批准，广州海上安全监督局航标测量处于 1987 年 9 月 15 日开始进行灯塔的改建工作，经过两个月的艰苦努力，于 11 月 15 日改建完毕。改建后的金锁排灯塔高 28.4 米，上部为白色圆形玻璃钢，高 13.85 米，采用太阳和风能作为能源，安装 60W，风力发电机，配 2 组铅酸蓄电池，灯器采用上海航标厂 φ300 型灯器。射程 10 海里，目标显著，是一座具有现代化水平的灯塔。金锁排灯塔的改建，对促进珠江流域的经济发展，保障过往船舶的安全航行具有重要意义。

改建十年后，一桥飞架，天堑变通途。跨海连接了虎门、番禺两地，使东莞成为沟通穗、港以及珠江两岸和深圳、珠海两个特区的交通枢纽，被誉为“世界第一跨”的由我国自行设计建造的第一座特大型悬索桥——虎门大桥于1997年5月建成通车。大桥全长15.76公里，主桥长4.6公里，主跨888米，单跨双绞简支悬索桥，矢跨比1/10.5，扁平闭合流线型钢箱梁，宽度为35.6米，双向六车道，中央设1.5米的分车带，桥下通航净空60米，与威远炮台遥相呼应，并以跨度大且不用钢锁吊住的高难度造桥技术闻名。

金锁排灯塔正好位于虎门大桥的一个桥墩位置附近，故大桥投入建设后就停止了发光。虽然导助航效能减弱了，但金锁排灯塔的航标文化依旧长存，2010年，该灯塔被列为南沙区登记文物保护单位，金锁排将永久屹立于虎门水道，继续见证历史变迁，守护船舶航行安全。

镌刻在灯塔的时光

灯塔，守护着一个港口的兴衰，见证着一个时代的变迁；而灯守员，则参与着灯塔的坚守，见证着灯塔的沧桑——金锁排灯塔如是，黄带喜父子如是。他们用镌刻在灯塔的时光，执著地守护着珠江口的安宁。

20世纪20年代，广东珠江流域在遭受连年水灾之后，爆发了百年不遇的特大洪水。东莞太平一个名叫黄带喜的农民，因家中田地全部被淹，被迫外出寻找生计，几经奔波辗转，经人介绍成为金锁排灯塔的守灯人。当时的金锁排灯塔是广州海关为指引中外商船进出珠江流域专门设置的，是虎门水道两座标志性灯塔之一。黄带喜第一次踏上舢板，开始了他的守灯生涯。

黄灿明的祖父黄带喜——第一代航标工

虎门水道地势险要，暗礁密布。夜间经此航行的商船如果想平安进出，必须依靠金锁排的指引。当时灯塔使用的是煤油灯作为光源，每隔两三天就要加一次煤油。为保证灯塔正常亮起，塔内必须储备足够的煤油，这使得灯塔成为海盗觊觎的目标。黄带喜在岛上除了守灯，还要随时防备海盗入侵。因此，虽然从家里划舢板到金锁排只要一个多小时，黄带喜也必须常年驻守灯塔，几个月才能回一次家。处境岑寂，与世隔绝，一灯孤悬，四周幽暗，是他在塔上生活的真实写照。只有当儿子黄振威来塔上陪他，或是附近的渔船入夜后为躲避海盗聚集在灯塔周围，才能让他感受到些许热闹。即便如此，黄带喜守塔所得收入，仍不能维持一家人的生计，每逢农忙或轮休回家，他仍要帮助家里人耕田种稻，帮补家用。

1957 年，已由旧时代守灯人成长为新中国航标工的黄带喜，因病无法再坚持工作，便将肩上的重任交给了因多年的耳濡目染，早已对灯塔产生了特殊情谊的儿子黄振威。由于年幼时经常上灯塔陪伴父亲，灯塔上的

航标世家宣传栏

生活给黄振威留下了深刻的印象：父亲为排解寂寞在礁石上垂钓，为防备海盗用飞过的海鸟练习射击，夜晚跟聚集在灯塔周围的渔民聊天……这些外人看来枯燥无聊的生活，对他来说却自有一番乐趣。因此，当黄振威得知组织上打算安排他接父亲的班看守金锁排的时候，没有丝毫犹豫就答应了。这个时期，虽然金锁排灯塔的光源已由乙炔变成了电灯泡，当年猖獗一时的海盗也早已销声匿迹，守塔工作远没父亲当年艰辛烦琐。黄振威只需每晚架着舢板上塔开灯，等到黎明时再去关灯即可。但遇到台风或暴雨天，这份看似简单的工作却往往要经受生命的考验。惊涛骇浪间，黄振威驾驶的小舢板稍不留神，就会被打翻或吞没。每当这时，黄家一家人的心都会随着黄振威在舢板上起起落落，直到远远地看到灯塔在远处的海面上准时亮起。

随着新中国建设的蓬勃开展，珠江流域的航运业也有了飞速发展。

为满足日渐增长的航运需求，航道部门又在虎门水道开辟了多条新航道。金锁排灯塔实现无人值守，看守了两年多的灯塔的黄振威又被调到沙角航道，负责航道内航标灯的日常保养维护以及电池更换。他不用再像父亲那样常年孤守灯塔，但仍需每天划着小舢板顶风冒雨，更换、维修因事故或故障无法正常照明的航标灯，日夜无休。期间，亲戚朋友曾无数次劝说黄振威放弃艰苦又枯燥的航标工作改做其他，他都婉言谢绝了。

两代的家族传承，让黄振威比任何人都懂得灯塔和航标的意义所在，它们在暗夜里发出的不仅仅是光亮，而是温暖和生的希望。守护这些光亮，便是守护温暖和希望。也正因为如此，到 20 世纪 70 年代，当黄振威的收入跟周围人的收入相差近十倍时，他仍选择继续做一名航标人。有人笑话他守航标守傻了，傻得不知道看外面的世界，他却总是淡淡的一句：做人不能只看钱，钱够用就行了，要那么多干啥——简单而质朴的信念，执著而坚毅的守护。

如今，黄振威已经退休，他的儿子黄灿明承袭了祖辈和父辈对灯塔的爱，继续在虎门水道与蕉门水道出海处之间龙穴岛东侧的舢舨洲灯塔，几十年如一日地守护着这份使命和责任；他的孙子黄登科也毅然选择投身航标事业，开始了黄氏“航标世家”的四代传承。

百年古灯塔　珠江夜明珠

——舢舨洲灯塔纪事

舢舨洲灯塔，位于广州市番禺区东南方向的珠江口东莞虎门水道和伶仃洋交汇处，距龙穴岛2.5公里。灯塔所处的小岛，面积只有一千多平方米，是一片浅礁石滩。远远看去，小岛像一叶海中行驶的小舢舨，故名为舢舨洲。

灯塔建于小岛的顶部，是一座五层方形砖砌建筑，外观像手枪，也似蓄势待发的捆绑式火箭。近百年来，外轮从外海驶入广州港，都要依靠灯塔的指引，被誉为“珠江口上的夜明珠”。

机塔巧合

1915年（“民国”四年），被英、法等国把持的粤海关，为方便西方列强的船舶进出广州港，建成舢舨洲灯塔。灯塔由法国人设计，主塔高13米，灯高31.5米；副楼高6米，作为灯守员的生活用房。整座灯塔下面还有一层地下室，供储藏物品和安放发电机用。灯塔的灯笼部分为圆柱锥顶，内平面约五平方米，周围嵌上透明玻璃作灯罩，灯光透过玻璃壁直射四方。

灯塔机件采用的是新旧配合的形式，灯机构造显得甚为灵巧，这在当时各处灯塔中是不多见的。据考证，该灯镜机原来是江海关（即上海海关）所属沙尾山灯塔的旧式头等定光灯的中央机件，后因沙尾山灯塔改建，遂将其历经了42年岁月的镜机拆卸下来用在舢舨洲灯塔上，竟也运作良好。因为灯机巨大，故所建的新外罩也须足够大，这样才能容得下灯机，故做成圆柱形结构。然而，灯机中所置的电石灯头（电石即碳化钙，主要用于产生乙炔气）却非常简单、微小，使得灯机及外罩显得很是空旷宽阔，这就给人以小脚穿大鞋的感觉。

舢舨洲灯塔机件这样装设，在当时显得颇为新颖，而且新旧机件混合搭配，不但使发光所用的物料大为减少，同时发光能力依旧较强，对作指引船舶往返虎门之用绰绰有余。但就构造方面而言，灯塔的发光能力相对灯塔所用的头等镜机来说还是弱了许多，仅相当于4500支蜡烛同时点燃的发光能力，跟新式灯机的发光能力相比，简直不能同日而语。

灯塔最初安设的是电石灯头，并且配有电石雾泡，当泡膛里电石瓦斯混合空气燃烧时，便会发光。新中国成立后，灯楼安设了乙炔灯；1982年，舢舨洲灯塔成为我国第一批采用太阳能蓄电池供电系统供电的灯塔，此后又陆续安装了雷达装置、风力发电机、电雾号等最新式设备，可在任何天气下全天候提醒过往船舶注意安全，成为集视觉、音响、无线电航标于一体的特大型灯塔。2000年，广州航标处从西班牙进口了价值30多万美元的主灯。此灯形状奇特，呈六角形，灯壁上有一圈圈如波纹的同心圆。这是透镜，可以聚出6束光线，虽然灯泡只有60瓦，但黑夜里，远在18海里外都清晰可见。此外还安装了一盏美制副灯，万一主灯故障，副灯自动亮起，成为永不熄灭的明灯。2012 年 2 月，灯塔主灯更换为美国泰兰公司 TRB-400 型旋转灯器，灯光更加明亮绚丽。

舢舨洲灯塔自建成后一直没有改建过。虽为老建筑，但灯塔坚固如初，里面的木门、木窗和楼梯仍然是最初的物品。当时的灯塔外墙用石灰砂浆抹面，呈乳白色，因而也被称为“白灯楼”。2000 年，广州航标处进行外观改造时，仍保留了其白色外貌。

完整保留的，还有使用在塔身和引桥的缸砖。所有的缸砖上都刻有“K.M.A”字样。“K.M.A”是什么？这得从开滦砖厂说起。

1912 年，开平和滦州两公司联合经营，组成开滦矿务总局，为发展多种经营，除煤以外，还一直生产一种火泥砖（俗称开滦缸砖）。这种砖因采用最新式的制砖机及砖窑制烧，加之选用唐山一带优良的混合火泥，用新式西法烘烤，故其质量非常好。有红棕色、金黄色、咖啡色几种。天津英、法各租界的楼房、地面、河坝、电车道，上海的海关大楼及电车道，香港九龙码头的地面及香港政府等处均用开滦砖铺地。包括那个时期由列强控制的清政府海关修建的一些砖砌灯塔，大部分都使用这种缸砖。

开滦对外较早的商业标识是“CALCO”五个英文字母。1912 年，因有人仿冒开滦产品，开滦将原商标改换成“K. M. A”字样，“K. M. A”是开滦矿务总局的英文缩写（英文为 Kailuan Mining Administration），主要用于砖品上。该商标一直用到建国初期。

刻字石砖

火水两难

距今已经使用了整整100年的灯塔，除了经受岁月的磨砺，风雨的侵蚀，还经受了炮火的洗礼。灯塔上至今还保留有当年日军飞机俯冲扫射的遗迹：四根被子弹打弯的铁护栏，嵌在铜门上的一枚子弹。这是虎门海战时留下的历史见证。

1937年8月，中国海军在广东主要港口实施阻塞工程，共沉船158艘，雇用民船布设水雷，并派出舰艇在各港口担任警戒。当时，中国海军在广东只有“肇和”“海周”“海虎”“江大”“舞凤”“海维”等少数舰艇。吨位最大的“肇和”舰，排水量2600吨，1909年由英国建造，已有近30年的舰龄，且以烧煤炭为动力，装备、武器相当老旧，其他的都是小型舰艇，力量薄弱。为了切断援华补给线，日本海军从1937年9月开始向广东发起进攻。13日，日本海军在大鹏湾登陆。为了配合陆地进攻，14日拂晓，一支日本海军舰队向虎门方向袭来。中国海军利用沉船阻塞线、水雷防线和岛屿，依托岸炮，巧妙迎敌。当日本海军舰队接近虎门时，“肇和”“海周”等舰展开作战队形，迎着日本舰队冲了过去。日本舰队的大口径火炮

舢舨洲灯塔

向中国舰队开火，但中国海军官兵毫无畏惧地开炮还击。此时，日本舰队已经进入了岸炮的射击范围，虎门炮台迅速向日本舰队猛烈开炮，火力支援“肇和”“海周”等舰。霎时间，海面上炮声震天，硝烟弥漫。日本舰队对突如其来的岸炮打击不知所措，一时慌了手脚。突然，隐蔽在一侧的中国海军鱼雷快艇、炮艇高速冲向日本舰队，近距离向日舰发动鱼雷、火炮攻击。很快一艘日本驱逐舰中弹起火，其他 3 艘日本军舰也不同程度受损。日本舰队见大势已去，只好护着起火的驱逐舰仓皇逃走。

这是抗日战争期间中国海军与日本海军唯一的一次真正意义的海战，中国海军舰艇击退了日舰的进攻，取得了海战的胜利。此后，日本海军再也不敢以舰艇向广东沿海进犯，而凭借空中优势，对中国海军舰艇及沿岸设施进行轰炸。“肇和”“海周”“海虎”“江大”“舞凤”“海维”等舰艇相继被炸沉没。

舢舨洲灯塔见证了虎门海战的惨烈与最终的胜利，塔体上的弹痕诉说着她在抗日战争中作为参战一员的沧桑与荣誉。敌人的炮火没能摧毁她，至今她仍低调而又高傲地矗立在珠江口险要海域，为过往船舶照亮航程，守护平安。

舢舨洲灯塔曾经一度作为广州的标志，在世界上的名气之大，地位之重，鲜为现代人所知。正是这座灯塔见证了作为清朝后期唯一的通商口岸广州海运之繁华。无数海船经过茫茫数月的航行，见到了舢舨洲灯塔，就知道到了广州。

尽管她像一个守护神一样默默地为着过往的每一艘船舶照亮航程，守护着每一艘航船的平安，但还是有几次不幸的大海难，让她垂泪不已。

其中一次发生在 1945 年 11 月 8 日。是日上午 8 点 10 分，行驶于广州至香港航线的“海珠轮”从广州起航，搭乘着 1300 多人，其中新一军移驻香港的官兵就有 1100 多人。在航行到离香港约 50 海里的虎门沙角对开海面，正是舢舨洲岛屿所在海域，船触碰到战争遗留的漂雷，整个船体被炸成两截，死难者近 1200 人，幸存的只有 100 多人，被渔船救起后，送往香港“东华三院”救治。

黄灿明一家合影

黄灿明在清洁保养灯器

著名作家杜宣夫妇原本打算乘搭这班轮船前往香港，因故没成行，避过了一劫。他在回忆录中这样记述："1945 年冬，露茜（杜宣夫人）从昆明到广州，我从香港到广州接她，住在老左家（左洪涛，广东省原政协副主席），买了海珠轮船票准备到香港，但露茜由于沿途劳顿发高热，我们坚持还是乘海珠轮回港，但老左坚决反对，并把我们的船票强行要去。因此我们不得不在他家住下，次日海珠轮开出不久，因遭遇到海面漂浮的水雷爆炸，全船只少数人生还。此次我们幸免于难，真该永远感谢老左的关怀。"

无论是何种原因造成的海难都不是舢舨洲灯塔愿意看到的，她天生的基因就决定了她的使命是守护每一艘过往船舶的航行安全，这些海难怎能不令她痛心疾首，黯自垂泪？她唯一能做的就是尽自己的力亮，将每一缕光线洒入到自己守护的这片海域，给过往船舶带去平安和希望。

不灭圣光

这座守护一方海域的灯塔也有守护着她的人，与舢舨洲灯塔天生朴素、平实、低调的性格一样，她的守护人也是默默付出，无微不至地关怀着她。

黄灿明的父亲黄振威
——第二代航标工

1999年，原来驻守舢舨洲的5名灯塔工全部退休或是调任，东莞太平人黄灿明被从蛇口调来了舢舨洲岛。20多年前，当黄灿明还是一个毛头小伙的时候，在他的骨子里，早已暗淌着另外一种情愫，那就是深受祖父辈影响的航标情结。

黄灿明的祖父黄带喜，在民国时代便守护着金锁排灯塔（即现在虎门大桥左主桥墩处的白色灯塔），一守就是30多年。祖父去世后，父亲又接着干了一辈子。黄灿明从小就随父亲看守沙角至太平的灯浮标，耳濡目染，对航标渐渐有了感情，心里萌生着长大后也要做一名航标工的愿望。因此，当1988年广州航标区（即现在的广州航标处）招航标工的时候，24岁的黄灿明在父亲的支持下毅然放弃运输生意，报名当了一名航标工。

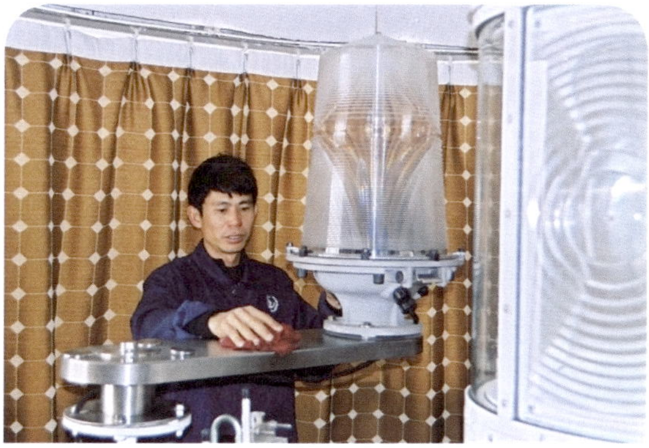

2008年黄灿明被授予“全国交通行业文明职工标兵”

这座被划为二类岛屿的孤岛上石多土少，地势陡峭，灌木丛生，时不时还可以看到大大小小的蛇穿行出没，生活条件极为艰苦。但就在这座孤岛上，黄灿明克服重重困难，至今已在岛上驻守了五千个日夜。

每天清晨，当第一缕晨曦穿破云层照亮大地的时候，往来船舶便能远远地看到舢舨洲灯塔上随风飘扬的五星红旗，那正是黄灿明升起来的。

黄灿明给来舢舨洲参观的小朋友讲灯塔的故事

升旗之后，黄灿明便开始一天的工作。好多人都认为守护灯塔的工作十分简单：不过是开灯关灯，简单保养灯器即可。殊不知随着科技的发展，舢舨洲灯塔虽然已由电石灯改进为采

黄灿明夫妇在擦拭太阳能板

用太阳能和蓄电池供电的现代灯器，但要保持灯塔正常发光，很多细小的工作必须靠人工完成。例如擦拭灯罩、栏杆和太阳能硅片上的灰尘和雾水，清洁电雾号，清洗电池头，测量电池电压等等。除此之外，黄灿明还要负责岛屿和塔楼的清洁保养；晚上每隔一个多小时观察灯塔及附近的灯浮标是否正常工作。由于保证灯塔夜间正常发光至关重要，黄灿明晚上从没睡过囫囵觉，经常要起来查看灯光是否正常。遇到暴风雨的夜晚，黄灿明更是通宵不眠，随时关注灯塔情况，生怕灯光熄灭影响导航。岛上没人监督，每天的工作都要靠自己自觉地去做，需要有很强的责任心和耐心。但在黄灿明坚守舢舨洲期间，虎门水道从未因灯塔故障发生过航道事故。

黄灿明调到舢舨洲灯塔工作后不久，因为怕丈夫独守孤岛太寂寞，也为了更好地照顾他的生活，妻子郭丽珍也跟随他一起上岛义务看守灯塔，对此，公公婆婆也十分支持，主动承担起照顾两个上学的孩子的责任。

郭丽珍说："如果有人问我做一名航标工的妻子会不会后悔，有没有什么遗憾，我会真实地告诉他：遗憾是有的，这么多年来，灿明一心扑在工作上，没有和我逛过几回街，没有时间为我买几件像样的衣服；这么多年来，我大部分的时间都在岛上度过，没有尽到孝顺老人、照顾孩子的责任；这么多年来，一家人也没有时间一起出去旅游一次，好好玩一趟。但是，我没有丝毫的后悔，因为我嫁的老公，是一个踏踏实实做人、勤勤恳恳做事的人，他的工作虽然平凡，却很重要，和这样的人生活一辈子，我觉得安心，觉得踏实，也觉得很幸福！"郭丽

2012年3月8日郭丽珍获得广东省海员系统首届"十佳海嫂"荣誉称号

珍多年如一日陪伴丈夫坚守孤岛、全心全意支持助航保障事业的优秀事迹，也得到了社会的肯定和认可。2001 年，黄灿明获得“全国五一劳动奖章”，2012 年 3 月 8 日，郭丽珍获得广东省海员系统首届“十佳海嫂”荣誉称号。

2007年黄灿明妻子郭丽珍在广东海事局劳模先进事迹报告会上代表黄灿明作报告

夜幕降临，舢舨洲灯塔明亮的灯光为船舶指引航向

舢舨洲灯塔的文物价值越来越得到了政府部门的重视。2011 年，在南沙区第三次全国文物普查工作中，舢舨洲灯塔进入广州市不可移动文物名录。近年来也陆续有文物保护单位前往舢舨洲灯塔考察，评估其文物价值。2012 年 6 月，经中国航海学会第七届理事会第一次常务理事会议审议批准，舢舨洲灯塔在内的 26 个单位成为首批“航海科普教育基地”。

现如今，在广州航标处的积极牵头与策划下，舢舨洲灯塔文化博物园已初具规模。百年灯塔低调、默默付出的品质，将得到世人的学习与景仰。

2007 年 4 月，黄灿明的儿子顺利通过广州航标处的航标工招考，也成为了一名航标工，一家四代航标工的“航标世家”，遂成为一段佳话。而“燃烧自己，照亮别人”的航标精神，也正在像黄灿明一样的航标人中代代传承！

公元 2015 年，舢舨洲灯塔迎来一百岁的生日。历经一个世纪的风风雨雨，看尽一百年的潮起潮落，百年灯塔对航海用户的忠诚度不会因时间与悠悠珠江水的逝去而减弱丝毫，她将一如既往地、默默地守护过往船舶，播洒平安与希望。

漂浮在海上的城堡

——蚊尾洲灯塔纪事

蚊尾洲灯塔位于佳蓬列岛的一个小岛屿上，始建于1890年，塔高18米，灯高43米，射程15海里。白色、方身、球形顶，结构错落有致，造型独特，宛如一座神秘的古城堡，是保存较为完整的百年老灯塔。蚊尾洲岛是珠江口外突向南海前沿的一座孤立小岛，扼守由东南亚一带往香港、澳门及黄埔港等地的航道，地理位置十分险要。

蚊尾洲灯塔

最难建的灯塔

蚊尾洲是一个仅千余平方米的小岛，小得在地图上几乎都不必标出来。因此，很多人认为蚊尾洲的得名是因为它小，像蚊子尾巴，其实不然。

蚊尾洲在南北走向的佳蓬列岛最北端，它的东北就是广袤的太平洋，可以说它是佳蓬列岛“最后一个岛屿”，而蚊尾洲的“蚊”的读音与广州话“问”的发音相同，意思是“尽头”“临界”，如广东人讲“问码”“问水”，说的是“很紧绌、没余地”的意思，而“问尾”则是“末尾”“最后”的意思。蚊尾洲的真正含义就是最尾端的岛。

这个佳蓬列岛最尾端的岛，岩石裸露，没有丝毫植被。一条条纵横交错的石缝，如道道割入裸露肌肉的刀痕，深深地嵌入岩石中，令人触目惊心。整个岛，看起来，似乎随时都可能支离破碎。

由英国人于1890年建造的灯塔就在岛的西峰上，北峰20世纪80年代被辟为直升机停机坪。

据说，早在1880年的时候，英国人就已经瞄准了蚊尾洲，目的是控制中国进出太平洋的航道。为了方便英国商船进出珠三角，1884年6月，就有英国人登上了蚊尾洲，并在岛上搭建起一座小茅棚留人值守，测试岛

蚊尾洲灯塔修复前原貌

上风力，为建灯塔做准备。后来，小茅棚被台风打烂，英国人又盖了更大的茅棚，又被打烂。再建砖瓦房，又被吹翻。就这样，经过整整 6 年的考察和测试，确认只有花岗岩结构的建筑才足够坚固，英国人才于 1890 年 9 月 1 日正式动工建设灯塔。这足可以看出蚊尾洲在珠三角海域对航行的重要意义。

灯塔建设时，除石块处，所有材料都要从外面运来。从远洋驶过来的商船很大，加上风浪不断，停靠在蚊尾洲岛边上的船很危险，所以先修建码头，同时分别修建了两个吊机。船上物资在经过吊机吊运，源源不断送到岛上。现在的岛边沿，还可看到残存的铁柱、风化的铁轨和锈迹斑驳的吊机。

不知是出于占有还是炫耀的目的，英国人在始建时，就在一块长约 2 米，宽约半米的基石上刻上文字：

蚊尾洲灯塔基石上刻有建筑师的名字

THIS

STONE WAS LAID

BY

HIS EXCELLENCY

FRANCIS FLEMINC C.M.C

OFFICER ADMINISTERING

THE GOVERNMENT

HONG KONG ON 1 SEPT 1890

意思为 :“香港辅政司弗朗西斯 · 弗莱明（C.M.C）阁下 1890 年 9 月 1 日立此石。”（原来有人翻译为 :“这座石塔于 1890 年 9 月 1 日由香港政府管理者弗朗西斯 · 弗莱明 · C.M.C 阁下建造。”这是不对的。经 2014 年 4 月南海航海保障中心寻根小组考证，THIS STONE 指的是“这块石头”，中国人叫做奠基石，而不是石塔。也就是说 1890 年奠基，是始建而不是建成；WAS LAID BY 是英语的被动语态，意思是“被放置”，而翻译成“建造”主动句没有道理 ；OFFICER ADMINISTERING THE GOVERNMENT HONG KONG 不是“香港政府管理者”，而应该翻译成“香港辅政司”！也就是后来的“香港布政司”！相当于现在的“中华人民共和国香港特别行政区政务司司长”级别的一个香港政府官员！因为 OFFICER ADMINISTERING 指的是“管治政治的官员”,而“香港政府管理者”指的是港督了。C.M.C 是一个相当于职称的头衔，如部队的少校、建筑的工程师、学术的教授之类。）

围绕灯塔脚，同时建造了约 80 平方米的灯塔房，供守塔人工作、生活和安放灯塔所需的发电机及其他器械用,另在北峰建造厨房和炮房六间。

灯塔塔身和房屋外墙用花岗岩石砖砌筑。石砖由采自灯塔脚下的花岗岩石加工而成，每块砖高、宽 25 厘米，长短不等。房内用红砖分隔成一大（4 米 ×6 米）、一中（3 米 ×5 米）、三小（2.6 米 ×4 米）共 5 间。这种红砖不知产于何处，坚硬无比。据 20 世纪 70 年代参与北峰房屋拆除的一位叫陈北胜的人讲，有人曾经把灯塔内的砖头拿出来，摔在石头上，砖头没事，石头却裂了。“就五、六间房子，我们拆了整整半年”。时至今日，那些红砖几乎没有损坏过。

灯塔共分为三层，楼层板为钢筋混凝土结构。一层与房屋平高，一层到二层通过花岗岩石条阶梯连接，从二层用杉木板梯穿过一个 40 厘米的方洞进入三层，即灯器层。灯器层为一个直径约 3 米、高 3 米的圆柱锥项钢架建筑，四周安装玻璃灯罩，内安装美国产的灯器，射程 18 海里。塔顶有根铁条通向地下，毋庸置疑，那是避雷针。

灯塔用房外观虽为欧式，其内布置却为中式，所以说灯塔是中西结合建筑。下基础用奠基石是中国传统，奠基石宽大方正，与中国风水学的讲究一致。门窗结构是中国传统的方形内错木框，尺寸更是与“门光尺”的趋利避凶的八寸相合，应为中国工人所为。正方形天窗口（西方一般用圆形）和木板梯是中国当时流行的步梯上楼形式。窗棂是青色陶瓷，窗格也用中国的花鸟鱼虫窗花，可见是纯中式格局。

岛上虽然没有淡水，但灯塔挖有两个小井。一个在外，约 70 厘米径，可汇聚岩石渗出来的少许淡水；一个在房内的东北角，约 40 厘米正方形，应该是储蓄雨水用的。2014 年 4 月 19 日，南海航海保障中心“文化寻根”

小组成员试了试，都是淡水。

最难攻的灯塔

灯塔于1892年建成，塔名为GAPROCK，塔身直径约4米。

英国人建蚊尾洲灯塔，不是出于善心，而是基于掠夺中国资源的考虑。据渔民张树德（68岁）讲，早在鸦片战争之后，英国人就发现了离蚊尾洲5海里左右的北尖岛上，有丰富的云母矿，英国人挖了几十年。灯塔建成后，运矿轮船的密度增加3倍以上。1937年，日本侵华战争打响，英国人撤离矿井，日本人又在北尖岛挖了七、八年。考虑补给的原因，日本人没有占据灯塔，而是利用其强大的海军优势，在蚊尾洲海域部署军舰护运矿石。

与其他灯塔的管理不同。灯塔建成后，英国人除直接从香港派人来管理、职员生活由香港派船定期补给外，从灯塔主任到勤杂工全部都是来自香港的英籍人员。这在南海是绝无仅有的。因为其他外国人管理的灯塔，除几名技术人员来自外籍，苦力和勤杂工都是在当地雇用。这也说明蚊尾洲在英国人心中的分量。

这与蚊尾洲的地理位置有关。一是它远离陆岸，距离最近的有人居住的珠海庙湾岛也有5海里，而且常年风浪汹涌。在当地雇用民工，往返非常困难。另外，它是中国海路出太平洋的最后一个关口，加上四壁悬崖，地势险峻，是“一夫当关，万夫莫开”的军事要地。如此重要的地方，他们岂能让中国人参加？从这个角度来说，英国人建灯塔，其政治和军事意义更重于导航意义。

蚊尾洲在军事上的险要，体现在易守难攻上，我们从20世纪50年代解放它的战役中可见一斑。

蚊尾洲是南海最后解放的岛屿。那次战役，解放军动用兵力236人、火炮7门、舰艇6艘，并利用夜暗远道奔袭秘密占领阵地，海、陆、步、

炮密切协同登陆，来对付40余名守敌。

据参加解放蚊尾洲战役时任炮团团长，后任兰州军区副参谋长何通写的回忆录中记载：抗日战争结束后，国民党派重兵把守蚊尾洲灯塔。蚊尾洲被解放之前，驻守的是国民党广东沿海游击司令部一个支队的40余人，配置有三七平射炮一门、八二迫击炮七门及十多挺大口径机关枪。

敌人凭险要地形及坚固工事固守，并与在香港的特务配合，囤积许多准备向大陆匪特输送的武器，供匪特进行破坏活动。因此，何通所在炮团根据上级情报，又经化装成渔民的战士靠近观察调查，拟订解放蚊尾洲作战计划并上报。

1950年12月初，中南军区赵尔陆参谋长在广东省军区首长和两广纵队曾生司令员陪同下，到唐家湾视察炮团，何通在团作战室向首长汇报炮团情况及解放蚊尾洲岛的作战方案，首长同意了何通的作战方案。方案通过后，何通回到桂山岛，汇合江防舰队计划参战的四艘舰艇、炮兵和突击分队，在图上和沙盘上进行协同演练。

由炮团的警卫连和工兵连担任的突击队，是战斗的关键。何通和团司令部参谋人员组织他们将装载、靠岸、登陆与炮兵协同、攀登、格斗等每个环节，反复演练，直到无懈可击。

1950年12月6日黄昏，舰艇编队自桂山岛起航，于次日凌晨一时，到达蚊尾洲岛东北十公里的庙湾海域集结。集结后，由一营长陈宽率领的两个炮连，在警卫排的掩护下用渔船运载战士和炮火，秘密登陆占领黄茅洲岛、湾洲岛（蚊尾洲岛东北2、3公里）。与此同时，突击队换乘两艘登陆艇，与另两艘炮舰成战斗队形向蚊尾洲前进。

临近蚊尾洲，这时天色微明，深蓝色的海水深达三四十米，波涛汹涌。极目远望，不见边际，只依稀可见岛上黄褐色的峭壁和灰白色的灯塔。

七时，何通下令炮兵射击。黄茅洲岛、湾洲岛炮兵以猛烈火力压制灯塔附近敌炮兵阵地和登陆点的火力点，并对灯塔的窗口射击孔进行破坏射击。

何通所在的“国楚号”靠近到灯塔1000米以内时，装在甲板上的五七反坦克炮也开始射击，红色的曳光弹飞向灯塔入口和灯塔北的登陆点附近的火力点。扫雷舰也高速前进到敌岛西北边，以机关炮压制、牵制敌人。

敌人北侧的火力点都被打哑了。何通从望远镜看见一艘登陆艇在蚊尾洲北端靠了岸，勇敢的突击队在白色烟幕掩护下正在峭壁上攀登；但另一艘登陆艇却只在附近打转，从报话机中得知，因风浪太大，那艘登陆艇给礁石撞伤，门打不开，靠不上去，还有几个同志掉进海里。

就在这个节骨眼上，黄茅洲岛那边报告称在远方发现一艘不明国籍军舰。何通顾不得什么军舰，决定先把蚊尾洲岛解决再说。他命令山炮继续打灯塔南侧房屋，国楚号靠近岛600米，用火力压住敌人灯塔窗口火力点。同时立即调用黄茅洲岛掌握的两艘渔船来装载预备队，组织一个排继续上岸。就在这时，已登陆的突击队在自己的机枪、火箭筒火力掩护下过了天桥，就看见灯塔窗口伸出了一面白旗：敌人举手走了出来。

敌人投降了。一会儿，塔顶上一面红旗迎风飘扬，那艘军舰也从远处的国际航线开走了。

战斗结束，何通立即带两名参谋坐小渔船上岛。只见，30余个俘虏在墙边蹲着，准备运给大陆匪特策应“反攻大陆”的一大堆通讯器材、爆炸器材，堆放在几个地方，那门打坏了的平射炮还歪在门口。

至此，60年来指引帝国主义的炮舰和船队到中国掠夺的灯塔。回到了人民的怀抱。

何通感叹：那个灯塔真够坚固，墙上每块花岗石材，少说也有半立方米，打了这么多炮弹，纹丝不动。他哪里知道，为建成这造灯塔，英国人前后花了8年时间。如今，又过了64年，虽然墙上弹痕累累，虽然每一扇窗都被改造成射击孔，但仍然可以感受它坚不可摧的震撼。仰视灯塔，你会发现自己的渺小，用手缓缓滑过它粗糙的表面，它会带给你一种岁月沧桑的感触。

蚊尾洲解放后，灯塔随后交由部队管理维护。

最难复光的灯塔

那时的解放军，打仗是好手，而摆弄灯塔却一筹莫展。

灯塔塔身在战火中没有损坏，灯笼部分却被粉碎得只剩下一个铁框框。为了保证灯塔夜间能发光，驻岛战士想尽了法子：点灯盏，刚上到顶楼就被吹灭；燃柴火，小了不经风，大了火苗被吹得乱窜。最后采用汽灯，左右各用一块石头压着灯鼓，防止大风吹走，可汽灯每一个小时就要打气，且灯芯纱很容易坏，每晚要换两三个。别说岛上没有灯芯纱，即使有也经不起一晚上 10 多次的打气换纱的折腾，大家叫苦不迭。

还是要恢复原灯器发光！大家都这样想。可是，去哪里找一个会修这外国灯器的人呢？自英国人修建灯塔后，几乎没有中国人登上过岛，更别说修灯塔的灯器了。后经多方打听，还真有一中国人上过岛。

原来，1937 年日本人占据蚊尾洲后，赶走了其他人，只留下一位英国人工程师维护灯塔，为它们的船舶导航。

大概是 1940 年左右，那位岛上守灯塔的英国人，在岛边救起一位庙湾岛的渔民姑娘，后娶其为妻。要知道，当时庙湾岛上的渔民很多来自香港，所以与英国人沟通起来，语言基本不是问题。就这样，一对中英结合的夫妻，一个在蚊尾洲守灯塔，一个在庙湾岛捕鱼作业，两人相距仅 5 海里（约 9 公里），但翻腾的大海阻隔着他们。每天中午，庙湾岛的姑娘总是一个人摇着小船前往蚊尾洲，给自己的夫君送饭，然后再摇着小船回去。

除非狂风巨浪，不然姑娘每天都往返于两个岛之间。不要小看这区区

5海里，现在从庙湾岛乘快艇过去，都需要至少20分钟，而当年手摇的小船，不知要走多少时间。抛开侵略、战火的表象，我们看到了一份让人感动的爱情。

岁月流逝，人们已经无法考证这对恋人的姓名，只知道那位英国人在日本人撤离时离岛回了香港。

解放军打听到的，就是这位大嫂。听了这位大嫂的故事，知道她也不会修灯器，因此只得任由灯塔明明灭灭。

不正常发光的灯塔，令许多商船夜晚远离蚊尾洲就止步，等到白天才穿过蚊尾洲海域。但因蚊尾洲距离公海较近，经常有中国台湾、菲律宾、日本等国家和地区的渔船或商船偷偷进入中国领海。据老渔民陈北胜说，20世纪60年代前，还有很多走私鸦片的船，从泰国开过来，经蚊尾洲到香港。于是，武装部根据渔民的情报，派民兵出海抓走私鸦片的船。后来这些船都不再驶过蚊尾洲，而是把鸦片烟装在一个个漂亮的小瓷瓶子里，每个瓷瓶装两粒，到蚊尾洲海域把鸦片卸沉到海里，然后由香港的船过来捞起取走。

在二十世纪六七十年代间，驱逐这些违规入境的船只，全靠边防武警和渔民组成的民兵，自然力所难及。所以，在蚊尾洲和庙湾岛海域，曾发生过许多海难。

陈北胜回忆说，那时在海岛附近作业的渔民，经常能从海里捞到很多物资：“什么都有，布匹呀、罐头呀、衣服呀、香烟呀，有用的没用的都有。食物和罐头泡在水里一般没有什么用了，而香烟却密封得不错，渔民们捞到后，都拿到香港去卖。”“因为当时的船几乎没有货柜，所有的货物都堆放在船舱和甲板上，用绳索固定，遇到撞船或者大浪时候，船上的物资就会散落到海里，而有时候由于浪大，水手为了船的平衡也会将一部分物资推到海里。”

后来，往来的商船越来越多，在蚊尾洲、庙湾岛

附近水域，船只相撞等情况还时有发生。为了安全考虑，新中国在担杆岛上兴建了一个灯塔，形成了远洋商船从蚊尾洲进、担杆岛出的安全航道，海难事故才逐渐减少。

20 世纪 60 年代时明时灭的蚊尾洲灯塔，到了 70 年代后已经不发光了。北峰的厨房和炮房也不知什么原因被强行拆除。

“晚上看到灯塔的灯光，你会从心底里感觉到家一般的温暖。”许多船员和渔民都有这样一种感慨。其实，航过海的人都知道，茫茫大海上在常人眼里的诗情画意，在航海者眼里是离别、艰苦和焦虑。但是白天远远看到灯塔，晚上看到灯塔的灯光，就会从心底里产生回到家的温暖感觉。

然而，这阵子的蚊尾洲灯塔，已经不能给航海者多少温暖。

最难修复的灯塔

1982 年，蚊尾洲灯塔由海军移交原交通部广州航道局管理。这时，作为专业航标队伍的广州航标区在技术上完全可以让灯塔复光。但因“大船靠不了，小船去不到”交通上的困难，只能在灯塔上设置明显的顶标，不定期进行维护。

随着广东改革开放的不断深入，海上贸易日趋频繁，蚊尾洲灯塔的“门户”作用日见重要，其地位也上升到国防的高度。1986 年 3 月 15 日，广州航道局接到交通部下达的“关于 1986 年海区航标测量工作安排的通知”[（85）交水监字 159 号]，指示对蚊尾洲灯塔进行修复。航道局属下的航测处接受了修复任务。

为了完成这一光荣任务，航测处成立了灯塔建设领导小组，在当月就开展现场踏勘和可行性研究。这当中有一个重要的问题，就是如何修旧如

旧，尽可能恢复灯塔的原貌。为此，领导小组成员到有关档案馆、博物馆搜寻资料，到附近岛屿采访船员、渔民等见证人，才着手制订设计和施工方案。

由于蚊尾洲灯塔地势险峻，流急浪高，登岛十分困难，所以在施工前首先要做好通讯联系，物资供给等的准备工作。于是1986年7月，由广东省河源县建筑工程公司承建的30米×50米直升机坪，率先在蚊尾洲的北峰落成。

机坪建好后，修复灯塔用的灯器、玻璃钢灯笼和后勤补给，用直升飞机运送。虽然运输条件比英国人初建灯塔的船舶吊机强多了，但岛上的恶劣环境几乎没有改善。为此，灯塔建设领导小组组织突击队，顶烈日，抗台风，在白天高达40℃高温，遭遇四次台风袭击几度断水断粮的情况下，团结奋战，仅43天便完成了灯塔修复任务。灯塔于1986年8月14日正式发光。

为了灯塔的保养和紧急修理需要，修复工程还修建一座简易码头及、约300米的上岛台阶和北峰到灯塔50米、2米宽的"石桥"，而全部投资仅为62.94万元。

修复后的蚊尾洲灯塔，灯塔高度为18米，灯高为43米，射程为19海里。灯楼由部分塔体与灯笼部份组成，利用原塔座加固后在上面安装直径3米的球形玻璃钢灯笼，使用FA-251型进口灯器，由太阳能供电，增配风力发电机机组两台，组成常年不缺的能源供应。直到这时，蚊尾洲灯塔才真正完美，不仅抬高了灯高，而且重量轻、外表美观，保持了欧式风格。

与此同时，气象部门在距蚊尾洲仅几公里的黄茅洲上，也修建了气象站，共同为来往船只保驾护航。

令人想不到的是，刚刚恢复发光不到4个月，

风浪、盐雾等对蚊尾洲灯塔的破坏

灯塔就遭到一次强台风袭击。为了检验玻璃钢新灯笼的抗风能力，台风过后次日的 12 月 8 日，原交通部电令广州航道局马上巡检蚊尾洲灯塔。航测处紧急组织包括一名张姓高级工程师和现广州航标处的黄锡沾、黄石、朱锐德等十一个人，乘坐直升飞机前去。当时情况十分紧急，一行人连当晚同事的喜宴也不能参加。

飞机停在机坪后，风力还很大，一行人甚至不敢直立行过“石桥”，只能匍匐爬过“石桥”，进入灯塔。还好，灯塔和灯笼都没事。

这应该是南海海区唯一一次利用直升机对航标进行巡检，也足见蚊尾洲灯塔的重要性。

1987 年，广州航道局航测处从广州航道局脱离出来，成立处级的广州航标区，蚊尾洲灯塔由工程区管理。2000 年，工程区改制为广东海事局广州航标处后，将灯塔的灯器进一步升级，主灯使用 APRB-252 型灯器，备用灯为美国产 ML-

20世纪80年代中期改造后的蚊尾洲灯塔

300，并装配有雷达应答器。

古老而青春焕发的蚊尾洲灯塔，是一座保存较为完整的百年老灯塔，至今仍然是东南亚船舶驶向黄埔港、香港、澳门等国际港口的一座重要导航标志。2012年，呵护它的主人再次华丽转身，改名为交通运输部南海航海保障中心广州航标处，保护和升级它的方案已经提上议程，作为外轮驶进中国南大门的第一座“路灯”，其使命将继续下去。

硇洲古韵
——硇洲灯塔纪事

硇洲岛，位于广东省湛江市东南约40公里处，北靠东海岛，西依雷州湾，总面积约56平方公里，于20万～50万年前由海底火山爆发而形成，是中国第一大火山岛。硇洲灯塔位于硇洲岛海拔最高的马鞍山上，颇具古韵，始建于1899年，塔高19.2米，灯高103米，射程26海里。灯塔由麻石（玄武岩）砌成，质地坚硬。塔内，一个圆石柱从地基直矗顶端，自壁内围绕中心柱盘旋而上，共有台阶68级，68块经过精细加工的麻石按一定的角度错开，逐块堆砌螺旋而上，像一把未完全打开的纸扇。台阶外端则与塔身外墙巧妙连接，可谓巧夺天工，为全国重点文物保护单位，并被列入湛江八景之一。

硇洲灯塔与伦敦灯塔、好望角灯塔并称世界三大灯塔。100多年来，硇洲灯塔在浩瀚南海上放射出灿烂的光芒，为进出湛江港的千万艘船舶指引航向。

守护“广州湾”

在很久以前，硇洲岛上没有航标灯塔。当地渔民为了方便出海打鱼，就在现在的灯塔位置建了一座石塔，渔民打鱼归来看到石塔就开始转向进港了。千百年来，渔民们并不太清楚这个位置的重要性，他们在这风光秀

硇洲灯塔

丽的小岛上，一代代悠闲地生活。而元代名儒刘耿阳却看到了这一点，他曾登石塔作诗抒怀：“卓耸奇观障碧川，势吞宝丽与云连。几来高处抬头望，撑起高凉半壁天。”这是中国古代对灯塔的朴素而美丽的认知。

1840年，鸦片战争暴发。广东沿海各大港口成为列强向中国输入鸦片的重要口岸，民族屈辱，人民遭殃。1899年，法国以“干涉还辽”有功为名逼迫清政府于清光绪二十五年十月（1899年11月）签订了《中法互订广州湾租界条约》，将遂溪、吴川两县属部分陆地、岛屿以及两县间的麻斜海湾（今湛江港湾）划为法国租界，统称“广州湾”，租期99年，划入法属印度支那联邦范围，设广州湾行政总公使署，受安南总督管辖。

从此，广州湾成为一个独立的行政区域。其范围：南部由原遂溪县属的通明港起向北至新圩沿官路为界至志满，转向东北至赤坎以北、福建村以南分中为界向东出海面，横过调顺岛北边水面至吴川县属的兜离窝登岸，再向东至西炮台河面分中出海，距陆地3海里海面起，向南沿硇洲岛、东海岛外海面直至通明港外3海里海面止；陆地总面积518平方公里。

法国殖民者在占领广州湾后，鉴于硇洲岛在租界区地理位置的重要性，便拆除了硇洲岛马鞍山上的石塔，由法国广州湾公使馆主持设计和建造硇洲岛灯塔，硇洲岛本土石匠招光义承建。灯塔始建于1899年，历时26个月建成，它的建造凝结着硇洲岛人民的辛勤和智慧，同时也是特殊历史时期，中外科技、文化交流和融合的结果。

硇洲灯塔（2米）

硇洲灯塔内的石阶

在这之后的39年里，法国人一直管理着这座灯塔，直到1943年2月20日，法国政府妥协日本帝国主义，日、法在法国驻广州湾公使署签订《共同防御广州湾协议》，日本陆、海军进驻占领广州湾，湛江沦陷。因为法军未做较大抵抗，远离市区的硇洲灯塔未遭大的破坏，日军觊觎灯塔水晶牛眼透镜的珍贵，拆走了其中一条带回国内研究，至今无法复原。1945年抗战胜利后，灯塔交由南海舰队航保处管理。1982年，硇洲灯塔由南海舰队航保处移交湛江航标区管理。

1996年，湛江航标处对其进行了技术改造：使用西班牙MGE-1000型自动化转台、220伏1000瓦溴钨灯，而灯塔原有的1370毫米牛眼透镜保留下来，该透镜是当今世界仅存的2座水晶磨镜之一，139条弧形三棱透镜组合成正对的两个抛物面光学系统，抛物面中心各有一个凸透镜。虽然有两块三棱透镜缺失且小部分三棱透镜棱角遭破坏，但其在中国乃至世界航标界都是极其珍贵的文物。经过改造后，硇洲灯塔灯质为闪白5秒，射程26海里，灯高103米，而其19.2米的石质塔身，则依然保留了百年前的原貌。

1991年，国家建设部、文物局和中国建筑学会公布硇洲灯塔为全国近代优秀建筑。1996年，被国务院列为全国重点文物保护单位，这是国家对不可移动文物进行保护的最高级别，也是湛江仅有的两处全国重点文物保护单位之一。2000年，经全市公开投票评为“湛江八景”之一。2012年6月被中国航海学会批准为全国首批“航海科普教育基地”。硇洲灯塔的历史文化价值受到了一致认同。它的建筑、材料、灯器等也为人们所惊叹。

精巧塔身

硇洲灯塔由塔墩、塔身和灯房三个部分组成，采用了中西结合的建筑风格。正方形的塔墩位于灯塔的最下面，宽 5 米，高约 2 米，它采用了中国佛教的须弥座设计风格，是灯塔的基础，承载着灯塔的全部重量。塔墩之上是圆台形的塔身，下底直径 5 米，上底直径 4 米，在上底还建有一个凸出于塔身的圆鼓形灯座，整个塔身约 19.2 米高，这是灯塔的主体。采用欧式建筑风格。灯房，也叫灯笼，是灯塔的心脏，位于塔身之上。航标灯器就放在灯房里。每当夜幕降临时，一束束强烈的光线从这里射向 26 海里的海面上，为南来北往的船舶指引航行。

硇洲灯塔以建筑材料、建筑设计和灯器工艺而著名于世，具有重要的历史和文化价值。

硇洲灯塔的建筑材料全部采用硇洲岛特有的“麻石”。所谓的“麻石”，实际上就是火山石，学名“玄武岩”。在50万年前火山从海底爆发时，炽热的熔浆遇到冰冷的海水，形成了含有很多气泡的火山石。当把这些冷却后的火山石切割成建设材料时，表面就有麻麻点点小坑，当地老百姓就把这种石头叫做“麻石”。别看它表面麻麻点点像蜂窝煤似的，但特别坚硬。经历了100多年的风吹雨打，没有一点磨损和风化的迹象。据专家考证，这是全国唯一一座全部用“麻石”建造的灯塔。

硇洲灯塔的塔墩和塔身建筑没有采用一根钢筋，也没有混凝土结构，而是采用支撑柱、台阶和塔身“三位一体”的建筑工艺。这在全国灯塔建筑方面也是独一无二的。“三位一体”的建筑工艺就是塔内螺旋上升的台阶与中间的支撑柱和塔身的墙壁是一块石头凿成的。台阶一头是圆柱形的，用来建支撑柱；一头是弧形的，用来建塔身。第一个台阶一头是圆柱的柱础，另一头是塔身基础，然后一层层垒上来，台阶砌到哪，圆柱和塔身就垒到哪。从塔墩到塔顶共有68个台阶。这种建筑有两个特点，一是结实，支撑的圆柱与石阶和塔身构成一个三维的四面体，具有很强的稳定性，抗震性特强；二是节约材料，没有加固和支撑构建，使塔内空间最大化。这些石材构建都是当地石匠手工用锤子和凿子打凿出来的，耗时两年多。

灯塔的最上端就是灯房，这是灯塔的心脏。灯房里有一个约60厘米

灯守员在小心地擦拭灯塔牛眼透镜

高的圆形白色灯座，灯座上，架着一对直径达 1.2 米，形状如同尚未闭合的扇贝似的牛眼透镜，透镜中间是 1000 千瓦的溴钨灯。这对牛眼透镜工艺精美，十分珍贵。据专家介绍，这种透镜有三个特点。一是设计科学。整个牛眼透镜是由 139 条弧形水晶三棱镜片通过科学编排，组合成一个焦距 2 米的抛物面。每条三棱镜片间隔一定距离，不仅易于聚光，而且易于散热，可延长荧光灯的使用寿命，同时，又节约材料，减轻透镜重量。二是制作精致。139 条三棱镜片全部采用天然水晶，并按照一定的弧度和大小用人工打磨而成的，光洁度高，折射性强，现在国外航标灯器厂家都难以生产出如此质量的三棱镜片。三是稀世之物。由于当时世界上使用这种水晶磨镜的灯塔很少，厂家是按客户需要定量生产的。后来，经过战争又毁坏了一些灯塔。据说，目前世界上与硇洲灯塔相同的牛眼透镜灯塔只剩下不到 10 座。

灯塔老人

硇洲灯塔的颇负盛名，闻名遐迩，除了它本身的价值外，更重要的是它产生的历史背景、经历过程和精神内涵。很多种元素交织在它身上，它不仅是民族的，更是世界的；不仅是科学的，更是文化的；不仅是建筑学上的典范，更是人文精神的丰碑！

“燃烧自己，照亮别人”的灯塔精神内涵不断得到诠释、丰富、发扬。“海和尚”陈义，在硇洲灯塔坚守一生，直至生命最后一刻，演绎了“蜡炬成灰泪始干”的生命乐章。

灯塔老人陈义与收养的孤儿合影

陈义是新中国解放后第一代航标人，1955 年从部队转业来到硇洲灯塔，这一来就像一颗钉子一样钉在了硇洲灯塔上，再也没有离开。他以灯塔为家，每天提水上塔刷拭透镜和挡风玻璃，使139条水晶棱镜和铜质支架的灯器无论什么时候都晶莹透亮，为过往的船只指明方向；闲暇时，他就抗起锄头，愣是用双手把灯塔周围的荆棘、杂草变成了果园、菜地；他终身未娶，勤俭生活，没有存款，不菲的收入大部分捐助了岛上的贫困居民……

60岁退休之时，他出生入死的老战友，时任广州军区副司令员朱怀德同志来灯塔视察工作认出了他，要带他去城市里享福。他说：“不行不行，只要我活着一分钟，就要在灯塔上站岗60秒。”任朱司令如何劝说也不改变心意。

70岁时，单位要接他下岛，让他好好休息。他说：“俺绝不能离开灯塔，要为它义务服务一辈子”。

80岁时，他说：“俺不算老，俺还要干它十年二十年呢！”

81岁时，他在对设备进行保养时，在自己挚爱的灯塔下长眠了，按照他的遗愿，他被安葬在离灯塔不足200米的地方——背靠灯塔，遥望大海，继续守望航道，留给我们无限的崇敬，还有那闪烁在大海中不熄的指路灯光。

王翠强是硇洲岛第二代航标人。他以灯塔老人陈义为榜样，以“燃烧自己，照亮他人”的灯塔精神激励自己，扎根海岛，默默奉献。他自学技术，精心维护保养着一套1956年购置的雾号设备。他仅凭着听声音就知道机器有没有毛病，而且能判断设备的毛病出在哪儿。同志们一提起他的绝活，就竖起大拇指说：“老王是‘一听准’，除了他，没人能搞得掂这套早该退休的设备。”

王翠强正在检修机器

他刻苦钻研练就的过硬修理技术，不仅仅用来管好、用好、维护好站里的设备，还经常为岛上的渔民义务抢修机器、渔船。当地渔民一提起王翠强同志，都伸出大拇指夸他“顶呱呱”的共产党员。

新一代的航标人，在海岛上继续谱写着爱岗奉献的篇章。80后青年隋永举，在直属海事系统职工岗位技能大赛上勇夺冠军，同年，荣获了全国五一劳动奖章。湛江航标处在硇洲岛开展“爱心父母”牵手困境儿童志愿行动，以结对帮扶形式资助22名困境儿童完成学业，利用业余时间，硇洲岛开办“爱心助学”辅导班，为岛上儿童补习功课，带学生到硇洲灯塔海事教育基地，参观了百年灯塔、灯塔老人陈义展馆、陈义实物馆、航标展馆，开展“了解灯塔、认识航标”为主题的活动。同学们在参观学习中接受到了思想品德的洗礼教育，他们纷纷表示：“长大后要做一个像陈义爷爷、王翠强叔叔那样为祖国无私奉献的人。”如今，硇洲灯塔已作为爱国主义教育基地，每年都有多批行政机关、企事业单位，学校等组织参观。硇洲灯塔已成为一座爱国、爱岗、奉献的精神丰碑。

新一代航人——全国五一劳动奖章获得者隋永举

硇洲灯塔荣获“全国航海科普教育基地”揭牌仪式

滘尾祥光
——滘尾角灯塔纪事

滘尾角灯塔伫立在广东省徐闻县角尾乡的一个岬角上，地理坐标为东经 109° 55′，北纬 20° 13′。

远远望去，灯塔似一座欲拔而射的火箭，直冲天际。走近灯塔，夺目而入的“中国大陆最南端”七个遒劲的大字熠熠生辉，使灯塔显得格外巍峨壮丽。正面，绿树葱葱郁郁；背面，黄色的沙滩营造着极度神秘感；左侧，海鸥在飞翔嬉戏；右侧，海水在浅浅吟唱——好一幅纯生态景致。滘尾角灯塔就像一位慈母守候着这片土地，倾听海运历史的絮语。

中国大陆最南端——滘尾角灯塔

灯塔前世

徐闻，地处在中国大陆最南端，以“地通海，涛声震荡，徐徐而闻”而得名。徐闻三面环海，东临南海，西濒北部湾，与海南省海口市隔海相望。徐闻周边海域历来都是中国南海的海上交通要道，但陆路只有一个方向。也正因此，中国历代皇帝视徐闻为闭塞之地，每有官员被贬，很多被遣送到此。明朝，刚正不阿的汤显祖被贬谪到徐闻；宋朝，忠贞爱国的苏轼贬谪到徐闻，这些无不昭示着封建王朝重陆轻海的思想。“世事亦不浅，幽期常自深。一尉云连海，孤生月在林。”汤显祖先生的孤独悲叹，可以说是对徐闻所处环境的一种感怀。而苏轼“四州之人皆以徐闻为咽喉”一语，却道出了徐闻所处位置的重要性。滘尾角灯塔便位于这“咽喉”的正中央。

徐闻港是中国最早的港口和整个汉朝的最重要的口岸，是海上丝绸之路的主要始发港之一。早在2000多年前，雄心勃勃的汉武帝，让汉船队满载华丽的丝绸、陶瓷等物品，从这里起航，到达马来西亚、缅甸、印度等国，开启了传播文明、缔结友谊、互通有无的伟大征程，一时商船云集、千帆竞渡，滘尾角作为航线的中继地和重要转向地，是海上丝绸之路重要见证者之一。那时或许没有人工航标，但如“碣石”“树木”之类的自然航标的存在是可以想象的。因为在徐闻的北仕尾岭高崖上，还存在有汉唐代导航灯座，这一“航标灯座”是目前南海发现最早的烽火航标。而19世纪末建造的滘尾角灯塔，才是该航线上的首座人工航标（也是雷州半岛上的第一座灯塔）。这座灯塔形似楼梯，也称灯楼，灯楼角也由此得名。

1885年中法战争后，清政府与法国签订了《中法会订越南条约》，即《中法新约》，并于1888年附加《中法续议商务专约》，被迫在西南边境开埠通商。法国在广东的影响力日渐增强，法国经越南殖民地通向广东沿海的海路运输日益兴旺，滘尾角以其咽喉重地，成为黄金海路，但地势险峻，多发海难，一时间成为远近闻名的“死人角、阎王角”。

1894年，法国人为了保障其国内航船安全，在滘尾角修建了铁架结

滘尾角灯塔原灯守房遗址　　灯塔遗址石碑

构的灯塔，呈圆形，高约 16 米，水银灯器。据清宣统三年《徐闻县志》卷三记载：“灯楼：县西南九十里，在角尾嘴，光绪十六年法国商人建立，夜间虽大风雨，灯火常明，轮船来往看之以定方向。”至此，过往滘尾角的轮船结束了胆战心寒的“死人角”航行之旅。法国人除了建灯塔，还在灯楼西北 25 米处建了一座面阔 20 米，进深 7.4 米共 7 间洋房，作为灯守员用房。

灯塔建成后，法国人雇用附近男女村民二十多人为灯塔服务，有的还娶当地妇女为妻。至今，附近的村庄里，还散落有中法混血儿后裔。

1938 年后，日军大举进攻广东，先后占领汕头、北京、佛山等地，国民党徐闻县政府以防日军进攻为由，毁城墙、炸碉楼、挖公路、断桥梁，将一切明显的建筑毁坏，灯塔也不能幸免。1942 年，眼看战火就要烧到徐闻，为避免日本侵略者利用灯塔从灯楼角登陆，国民党县长陈桐下令拆毁了法国人建造的灯塔。

据说当时国民党派来一个排的士兵执行灯塔炸毁任务，可在此居住的一对法国夫妇死活不想离开，因为他们 13 岁的女儿在海边游泳时不幸溺水身亡，他们想守着自己的孩子。但由于战乱，他们最后还是在当时的国民政府的劝说下含泪离去。据说他们长得非常胖，每人体重近 300 斤，村子里的人当时是用牛车把他们送到徐闻县政府的。2004 年，曾有一法国的年轻人骑着“可以折叠的自行车”来到灯塔，呆到天黑才离去。当地人人说那人会讲一点中国话，是当年那对法国公婆的后裔。

灯塔被炸毁后，洋房也被拆毁。如今，残存的房基、廊门还在，它们默然地诉说世事的沧桑。21 世纪初，曾有当年的灯守员后人来到原滘尾角灯塔探访先人的足迹，可见到的是残垣断壁，只有一块刻着“古灯塔遗址”的石碑证明古灯塔曾经存在。

历史与国民党徐闻县政府开了个玩笑。虽然抗日战争时期，广东省 70% 的土地沦陷。但是，徐闻作为少数未被攻占的县城坚持到了抗战胜利。于是，在 1945 年，国民政府在自己亲手毁掉的灯塔原址，重建了一座 12 米高的木质灯桩，采用煤油灯器发光。

这座木质灯桩，不但成为之后解放军解放徐闻的先头登陆点，而且成为解放海南岛的集训地和启渡点。

灯塔血气

1949 年 10 月，解放军一支侦察兵以灯桩为标志，从滘尾角登陆，转折到徐闻城内，联合地下党组织做策应。10 月 22 日，粤桂边纵二支队六团二营（徐闻独立营）营长李世英，率领该营与徐闻县区乡革命武装 700 多人，包围了县城。守城国民党部队看到共产党军队已兵临城下，感到大势已去，放弃抵抗，缴械投降。徐闻县解放！

刚刚解放的徐闻人民，把解放海南岛作为头等大事，滘尾角及周边海域，更成了解放海南的练兵场。今天，那座铭刻解放海南功勋的建筑——渡琼作战指挥所，依然屹立在灯塔旁。东南侧的渡海作战解放海南启渡点的纪念浮雕，栩栩如生地再现了中国人民解放军渡海作战的情景。

1949 年 11 月，奉命解放海南岛的第 43 军 127 师政治部民运科副科长兼工作队队长向真，率领 34 人的先头部队抵达徐闻，配合地方筹集粮草。12 月下旬，第 43 军第 127 师抵达徐闻东部沿海的博赊港、灯楼

中國大陸最南端
灯塔

角等地。紧接着，解放海南的解放军陆续进驻徐闻，在滘尾角设立渡琼作战指挥所。

与此同时，徐闻全县人民总动员，全力以赴，积极支前。渔民们捐献船只、船具，踊跃参加渡海作战训练。当时，解放军指战员绝大多数来自北方，从未跟大海打过交道，面对着寒冬呜咽的海风，一筹莫展。全县1500多名船工热血沸腾赶来，他们顶着巨浪寒风，冒着生命危险，全然不顾飞机轰炸、子弹扫射，夜以继日的教练解放军划船、掌舵、游泳、看潮、辨别航向。

一次训练中，船只遇上大风浪，不听使唤，撞向礁石，在万分危急的时刻，一位船工毅然跳下海，用身体抵住船只，奋力推船离开礁石，保护了船只和战士们的安全，自己却因又累又冻，在被救起时，已没了呼吸，战士们流下了眼泪，他的妻子却咬牙吞下泪水，毅然投身到解放海南的训练中……

1950年3月5日“打到海南去，解放全中国！”的出征誓言，响彻云霄。徐闻人说，如今站在滘尾角灯塔上，在冬日的寒风中依稀还能听到当年这震天的呐喊。

当日19时，解放军40军118师352团799人，乘13艘帆船自滘尾角起航，横渡琼州海峡，翌日14时在海南岛白马井首次登陆成功。

3月26日，该团另2991人，乘72艘木帆船、9艘机帆船，自滘尾角起航再渡琼州海峡，在海南岛澄迈县玉包港强行登陆成功。4月16日，解放军第十五兵团解放海南岛第一梯队43军6968人，40军18700人，乘350艘木帆船，自滘尾角和附近码头出发，对海南守敌发起总攻，在海口临高角成功登陆。

“解放海南功在徐闻”，滘尾角灯塔是见证。

解放海南岛前后激战一个月，徐闻超过500名渔民，化身船工，将成千上万的解放军战士送往彼岸。徐闻县53名船工英勇牺牲，其中最让人崇敬的是被列入《中国共产党英烈大典传》的包振详。

包振详，渔民。从小就跟着父亲在滘尾角海域捕鱼，是当地最出色的

解放海南作战碉楼

船工，自幼就对灯塔充满无限憧憬。

1950 年 4 月 1 日零时许，包振祥等船工同大军指战员一起奋力划桨向海南岛进发。就在船队要靠岸的时候，敌军大小战舰黑压压地扑来，各种射程的大炮轰鸣，我军奋勇还击。包振祥驾驶的 3 号船，冲破敌舰的封锁，向海岸靠拢。突然，一颗炮落在桅杆底部爆炸，桅杆被炸断，带着船帆倒下。突然一发子弹打在包振祥的身上，他全然不顾，忍痛继续驾船，拼尽全力脱离了敌人的包围圈。船上的连长见状，急令战士们强行登陆。于是，30 多名战士似猛虎下山跨上桅杆飞奔上海滩。包振祥终因失血过多，一声不响地倒在了临高角灯塔的脚下。

热爱灯塔的他，从一座灯塔出发，倒在另一座灯塔下。

战斗结束后，人们发现，包振祥的血流到舱面，又从舱面又流进大海。血虽已流干，但他的双手仍紧紧地握着舵，怒目圆睁。将士们和海南的老百姓见状皆痛哭流泪！

1950年5月4日，中国人民解放军43军127师在海口市召开评功授奖大会。包振祥等百余名船工获得了渡海功臣称号，150余名干部群众被评为支前记功嘉奖。

那座木质灯桩，自始感染上了徐闻人民的铮铮血气。

灯塔今生

20世纪50年代初，特别是海南岛解放后，琼海峡海上运输通道打通，徐闻的甘蔗、菠萝、香蕉、芒果、蔬菜等传统农业得以迅速发展外，海运业和渔业更如雨后春笋，逐渐繁荣。加上从北部湾到海南的运输船日益增多，那座12米高的木质灯桩已经不能满足海运发展的需要，海运安全问题引起了广东省政府的关注。

1953年，时任广东省主席的叶剑英和副主席陶铸两人，指示徐闻县政府协同当地驻军，重建滘尾角灯塔。10月，灯塔建成，水泥墩基座，铁架塔，高15米，电灯器，射程为12海里，由部队管理。

灯塔重建后，带动了地方经济的发展。徐闻、海南的水果和其他农副产品从这里源源不断运到广西北海、钦州，销往内陆的贵州、湖南等省，原来从公路运输的广东省援越物资，也改道走水路，从徐闻港经滘尾角到北部湾，然后直接运到越南。

带动最大的是徐闻的渔业。20世纪60年代前后，徐闻很多渔民以合作社为单位，组建捕鲸船队、捕鲨船队和远渔船队，东到广州珠江口、南到海南、西往北部湾捕鱼，人民的生活水平得到进一步改善。即使在70年代的“割资本主义尾巴”时期，这些渔业作业都没有被限制，渔船队浩浩荡荡从灯塔脚出发，然后载满鱼虾蟹螺望着灯塔归来。灯塔成了他们生活的一部分。

这座钢铁结构的灯塔在海边，长期遭受咸气侵蚀和时间的磨损，延用二十多年后锈迹斑斑，岌岌可危。1979年，铁灯塔被拆除，1980年改建成一座圆形石砌灯桩，高度和射程与原铁灯塔相同。1982 年，灯桩移交地方航道部门管理。

进入 80 年代，海运安全保障的形势日趋严峻。适逢改革开放期间，广东因率先拿到了对外开放的金钥匙，海运业突飞猛进，徐闻许多船舶加入到海上运输队伍。如以养殖业、渔业和运输业为主的和安镇北莉岛，海运船舶经常前往北部湾。

1980年新建的石砌灯桩

据北莉村民说，从20世纪80年代起，北莉岛村民便瞄准国家大建设的机遇，组织壮劳力，开始了海上货运经营。船运生意很好，从北莉岛到海口跑一个来回，300元成本就能跑一趟，一个月纯收入可达两三万元。如果跑广西北海，半个月就可以赚到两三万元。当时，几乎家家户户都搞海运，或合伙、或单干，顶峰时全村共有100艘货船。

天天在海上颠簸风险很大。1993年，一艘货船在滘尾角附近海域遭遇龙卷风，货船船体破裂，船上货物全部进水，船东给货主赔了8万元。

因龙卷风发生的事故，虽然与灯塔无关，却引起了航运安全保障部门的注意。而且，因周边林木长高，石砌灯桩被遮蔽，已不能满足助导航船舶的需要。1994年，航道部门开始筹建新灯塔，而在开工之前，先将滘尾角灯桩的灯器进行改造，使射程达到18海里，达到灯塔等级，为新灯塔建设争取时间。

1994年3月，湛江航标处在距原灯塔80米处，开始动工建设新灯塔，并于1995年5月建成。新灯塔为钢筋混凝土结构，塔身为六角形，高32.4米，上书“中国大陆最南端”七个大字。外墙贴白色瓷砖，用蓝色瓷砖隔层。灯塔每层十六级阶梯，呈扇形拾级而上，最高一层安置航标灯器。灯塔采用BGA-600型灯器，灯高33.8米，灯质为闪白6秒，射程18海里，并装备雷达应答器。

灯塔景致

新灯塔建成后，滘尾角成了徐闻著名的旅游风景点，游人络绎不绝。游客们除了缅怀渡海作战的烈士，另一个原因缘于一个美丽的传说。

滘尾角灯塔和海南临高角灯塔遥遥相望，共同扼守在琼州海峡的西出口。相传很久以前，灯楼角居住着一位英俊的青年，他与临高角一位美丽的渔姑深深相爱。他俩隔海相望，海涛传递他们的情歌，鱼儿衔来他们的挂念，但由于大海的阻隔，他们难以相会。于是，他们决定筑一条堤坝，把滘尾角与临高角连接起来。他俩顶风斗浪、填海埋石，筚路蓝缕，满身伤痕，终于感动了大海。海龟驮来了大石头，海鸟衔来了小石块，终于筑起了礁石堤坝，让他们日日见面。然而幸福的生活却是短暂的，在他们的孩子2岁时，恶魔挟着台风袭击他们，带走了他们的孩子，摧毁了堤坝，夫妻二人在滘尾角守望期盼，啼血念子，滘尾角成了“望子角”。夫妻俩难以忍受失子之痛，双双跳海而亡，后被安葬在海边，化身为野菠萝。堤坝散落的礁石，变成了美丽的珊瑚。

如今，灯塔下有一片绿荫，叫“情人谷”。在情人谷中漫步，特别引人注目的就是野菠萝林，生长年代久远。野菠萝盘根错节，根蔓相连，剑叶繁茂，遮天蔽日。一年四季，游览“情人谷”的人络绎不绝，他们祈求好运，期望爱情的收获与美满。在灯塔的最前面，还有一棵神奇的“爱情树”，一棵大榕树把一棵槟榔树包裹在一起长大，传说这棵树已有几千年历史，人们称之为“爱情树”。

所以，许多游客到了滘尾角灯塔，还千方百计到海南去看临高灯塔。

其实，除了美丽传说，灯楼角不但是中国内地最南端的一个标志，也是一个美丽的海滩。灯塔的不远处，是琼州海峡与北部湾的分界线。角东南为琼州海峡，角西南为北部湾。两方潮汐各异，波涛拍岸时，形成“十字浪”，犹如犄角的沙洲直入大海。海滩上屹立着一块巨石，上面雕刻着“分水线”三个大字。据介绍，灯楼角古称关滘尾，意为两水分合处。两水分合处为一条狭长的银白色沙滩，每当退潮的时候，它一直伸向大海，当地的许多渔民趁退潮时到沙滩上去拾各种海贝，捉小鱼虾子。这条沙滩就站在“分水线”上，天空蔚蓝，海风吹拂，海浪拍打着礁石，溅起朵朵浪花，令人心旷神怡、流连忘返！

灯楼角沿岸浅海一带，有我国大陆架浅海连片面积最大、种类齐全、保存最完好的珊瑚礁群，红色、白色、橙色、蓝色、绿色，五彩缤纷，造型奇特，蔚为壮观，珊瑚礁区被评为“广东最美的海岸”。灯塔东面的白沙湾，自1999年起成为横渡琼州海峡国际大赛的下水点，2001年起被国际泳联选定为横渡琼州海峡马拉松大赛的下水点。

灯塔从传统走向现代，从人工走向智能，从闭塞走向开放，见证了共产党领导徐闻人民打碎旧世界，开创新世界艰苦而荣耀的征程。今天，在灯塔的注视下，徐闻已经成为我国最大的南珠生产基地和菠萝、香蕉生产第一大县，“菠萝的海”风靡世界；徐闻先后被国家授予“中国菠萝之乡”、“中国香蕉之乡”和“中国果蔬无公害十强县”等称号。徐闻的滘尾角灯塔，也入选南海海区历史灯塔，彰显其无穷魅力。

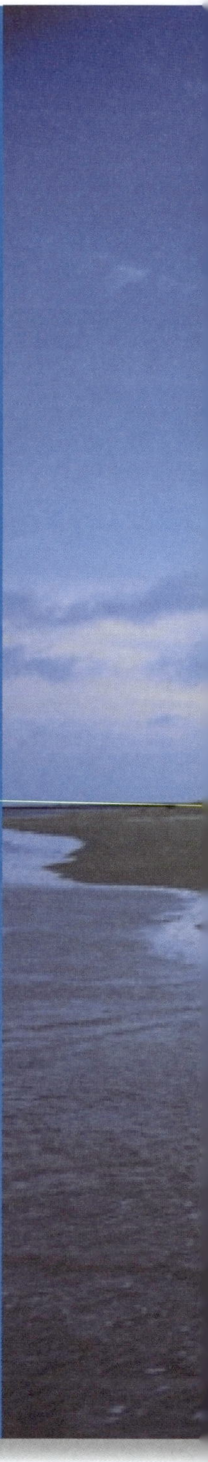

冠岭明珠
——冠头岭灯塔纪事

冠头岭灯塔全貌

冠头岭灯塔位于广西北海市郊的冠头岭国家森林公园内，是全国乃至世界为数不多的楼层式方形灯塔之一，也是广西区内唯一一座列入文物保护的历史灯塔。它80年的沧桑经历，在北海2000多年海运传奇中，仅仅是其中的一个符号。但它是北海海运史的一个重要里程碑，是北海港航线上的重要方向标，被北海人称为冠岭明珠。

始建灯塔一波三折

“冠头岭城南八十里，其隆如冠，西南临海，南北皆粤海船仪焉。”冠头岭是北部湾航道之要冲，从海上进入北海，一定要经过冠头岭。追溯航标发展史，冠头岭在2000多年前就是一座天然航标。

公元前214年，秦始皇为平定

西瓯（今广西全境和越南北部），派出一路军由湖南下湘江，过灵渠，沿桂江到达苍梧地区，再沿南流江经合浦到交趾，开辟了中原—交趾（在越南北部）的重要航路。这时，到交趾的船舶，就以冠头岭为标志转向合浦或交趾。

西汉元鼎六年（公元前 111 年），汉武帝遣使者率领商船由北海出发，经东南亚到印度半岛贸易，开辟了北海至印度半岛的航线，继而开拓了中国至欧洲大陆的海上丝绸之路，也以冠头岭为自然航标进出东南亚。

此后，马援开凿大观港、朱应出访东南亚，北宋开辟廉州与安南为互市口岸、清廷设置廉州口海关，通商口岸、对外开放，接踵而至的重大事件，将繁荣的北海海运推向 20 世纪。

而在冠头岭建设灯塔，时间已经进入了 20 世纪。

1912 年 8 月的一天，20 多艘在东兴珍珠港附近捕鱼的北海籍渔船，眼看一场台风就要来临，便结队急急返回北海。回到冠头岭附近时，已经是半夜，一片漆黑。这时风大浪高，因没有灯塔指示，依靠罗经行驶的领头船，将船队带往沙田方向。船队到白虎头海域时，遭到台风袭击，20 多艘渔船全部损坏，40 多人落水，4 人失踪。

该事件发生后，北海渔民联合一些外国船主，联名集体上书广东省国民政府，要求在冠头岭建设灯塔。可是，刚成立的省政府事情千头万绪，哪有时间考虑建灯塔的事，直至次年北海航政局成立。

航政局经勘察后发现，当时北海每年进出港木帆运输船平均 2000 多艘次，最高达 3025 艘次。并且随着外国航船进入北海的日益增多，以及北海本地渔业的发展，触礁、搁浅、沉船等海难事故经常发生。特别是雾季和晚上，船舶无法找到方向，只得抛锚停航。

航政局认为建设冠头岭灯塔迫在眉睫，于是做好方案上报广东省政府，不知是何种原因，始终没有下文。

1914 年，北洋军政府批准《北海关理船厅章程》，规定北海港务归北海关理船厅（港务司）兼理。理船厅是英、法、德三国收取船钞的税收机关，北海关理船厅的建立及其章程获批，架空了北海航政局。章程的第

十二条规定："凡未报经理船厅批准，不准兴建各式码头暨驳岸或设浮码头并趸船浮标，以及填筑海岸于滩或兴修别项一切海岸之工程等事。"这项规定实际上是排斥北海航政局对港口建设的管理。于是，航政局"奉文裁撤"，北海港务大权再次外丧。

西方国家继续控制着北海港口。为了方便帝国主义推销剩余商品和掠夺我国西南物资，北海关理船厅于1914年底在北海引水锚地设立一个转向浮标，在听潮岩（今观景台）的位置，设立一个约10米高的木架，晚上让人点灯示航。木架灯标运行不到两年，因一场强台风而倒垮掉，北海港又回到没有灯标示航的日子。

其后，越来越多铁英法客货轮到北海，北海高德的造船厂也能生产机动木船，千吨以上的大中型轮船逐渐成为北海海运的主力。轮船吨位越来越大，航程越来越远。而北部湾交叉航道多，经常有轮船入北海港时，一不小心向西开进了往东兴钦州的航道，或向东滑进了往湛江方向的航道，来回折腾。冠头岭灯塔建设再次成为船主的热议话题。

在这种情况下，1919年复设的北海航政分局再次拟文上报广东航政局，强烈要求建设冠头岭灯塔，但一直得不到答复。于是，北海航政分局召集船主捐资，于1922年在冠头岭的主峰现在灯塔的位置，建成了三层木楼灯塔，由航政分局管理，仍由船主捐资维护。这就是冠头岭灯塔的前身。

灯塔外形是次第缩进的楼梯形结构，一层是灯守员的厨房，二屋是卧室，三层是灯房。灯座设计非常巧妙，灯盏是一个莲花形铜质托盘的桐油灯，中间由一圈灯芯组成，一条灯芯熄灭后，旁边的灯芯可以将它重新点燃，一般的风很难吹灭。灯罩是圆形铜质灯罩，其壁上开有8个小孔，灯光从小孔射出。

义务灯守员

木灯塔是大家集资建成，也由大家集资维护，一位住在神农庙的道公，每到傍晚，自愿去点燃灯塔。这期间，有一个感人的故事，并有后人将这故事改写成小说。

话说有了灯塔指引，南万村的渔民日夜都可以作业，收成大增。近海捕捞的渔船一天就可以一个来回，船舱里满载着鱼虾，渔民们笑眯眯，家人更是乐得合不拢嘴。船一到码头，渔船的家里人都跑出来，朝渔船呐喊呼叫，然后登上渔船。老人们将鱼虾分类装进鱼篓，抬到岸上，或者放到装着海水的缸罐养着，或者用盐腌制成咸鱼。小孩子则光着脚，抢着去帮大人们捡拾鱼网、鱼笼什么的，然后船主领着一家人嘻嘻哈哈往家里走。

远海作业的渔船，要几天或十几天才能回来一次。家里人不知道他们什么时候回来，所以每到傍晚时分，就叫家里的小孩提一壶桐油去灯塔添油，保证灯油能亮到天明。这时的小孩子们仿佛一下子长大了，不再调皮笑闹，而是排着队一个个从东边的木梯爬上，将桐油倒进灯塔上边的莲花盘中，倒完了向灯盏鞠个躬，再从西面的木梯下去。较小的孩子不敢爬上高高的灯塔，叫大哥哥大姐姐帮忙，这些哥哥姐姐便一手拎一壶爬上灯塔添油，添完后鞠两个躬，完成所有人的心愿。

孩子们回家不久，天黑就了，住在神农庙的道公就一跛一跛地往山上去，把灯塔点燃，然后又一跛一跛的默默往回走。

道公以前是个很出色的渔工，一次出海打鱼，“风暴”将船打翻，他被一条钢筋戳断了小腿。他会看天气，会看水流，会看鱼群，偏偏那晚他看不出要打“风暴”，从那以后便不能出海。道公老家在广西贵港，在嫁到南万的姑姑家长大。族长让他回老家安养天年，他执意不肯，说是喜欢大海，要一直守着这片海。族长很无奈，就让他住在神农庙。看到没人伺候灯塔，他就主动承担点亮灯塔的义务。他说，就算无法在海的世界闯荡，至少可以在海的身边，为大海守候一片光亮。

道公点灯塔无须看时辰，仿佛时钟就在心中。傍晚时分，当雀群在树梢吵闹的时候，就知道是点灯塔的时候了。他的步履很慢却也很坚实，往灯塔上爬的时候很小心，为了远方那些渔民，他必须很小心。靠近灯盏，他便从兜里取出一个金黄色的打火机，哧的一声，把火机靠近一条灯芯，灯芯的火又点燃相邻的另一根灯芯，金色的火苗在灯盏中窜起，灯塔的光芒便射向大海。这时，海里的船工一定会扭头向灯塔望上一眼。

手中的打火机也很有来历。很多年前他出海打鱼时，跳入海水里救起了一个打鱼掉入海的女人。女人的丈夫很是感激，要把渔船上的鱼和口袋的钱都给他，他不肯要。女人的丈夫便给他一个打火机，说是外国的，无论多大的风都吹不灭，让他收下做个纪念。他不好再拒绝，就收下了，谁知在灯塔用上了。

道公就这样守候着灯塔，几年后在一个冬天静静地死去。之后，灯塔就由村里有船的人家约定好轮流去点。这里的人们很自觉，所以灯塔总能在黑夜中亮起来，因为那光芒分明就是一份祝愿和企盼。

不久，又来了一个自愿点灯塔的女人，这女人就是当水手时的道公救起来的。她说，丈夫出海一年多了未回来，她要点灯塔照亮他回家的路，灯油她自己买。

女人爱自己的丈夫，胜过爱自己的生命。以前丈夫出海，她做好饭菜的时候总会跑到海边看一看船队回来了没有。等一会若是还不见踪影，又会急急忙忙赶回家，把饭菜弄热，生怕下一秒就会回来的丈夫不能吃到最暖和的食物。有时候到了很晚还不见丈夫回来，她总是很着急，担心是不是今天的灯塔没人点了，他们迷失方向了，所以回不来了。现在到了她点灯塔，火光总在晚霞燃尽的时候亮起，几乎不差分毫，只是不知道火光那头的人会不会在乎这些分毫？

几年来就只有她一个人点灯塔，渐渐地花光了所有的积蓄。于是她就卖掉了村子上的大房子，只为了去买油。又撑了将近一年多，钱又用光了，最后连小房子也卖掉。可是那点钱又能撑得了多久呢？于是她就提着篮子到荒岛上去捡贝壳，然后拿到小镇上去卖，换回的钱大部分就用来买了油。

冠头岭灯塔

钱不够了，就又去捉些沙蟹，做沙蟹汁卖。最后连丈夫给她的手镯耳环都卖掉了。她心疼那些宝贝，那是丈夫每次出海带回来的爱情呀！看着别人用几个硬币就换走它，她有些不舍和难过，但为了能买到更多的油，也就顾不得自己的不舍和难过了。

她又一次次去点燃灯塔，半夜醒来，透过窗台看见燃起的灯塔，总会感觉很温馨，仿佛温暖从不曾走远。有一夜，天还没有亮起，突然看到灯塔居然灭掉了，她焦急万分，赶紧去看。原来是冬天来了，夜晚变得更长，灯塔的油已经燃不到天亮。这以后，她往上面加了更多的油，又一个夜晚来临的时候，她看看窗外，温暖的光芒依然在那里亮起，就像她心中的守候一直就在那里。

如此等了十年，她的丈夫仍然没有回来。原来，他在海的那边，有了另一个女人和一个新的家。

又一个下午，太阳还很高的时候，女人早早就把灯塔里添满了油，然后走向海边，扑向大海……他终于回来了，爬到灯塔上面看了看，灯塔装油的容器底部有一个金黄色的火机和一串珍珠项链。项链是当初自己送给妻子的呀，只是它已失去了当初的光彩，有些昏暗。

海风依旧在吹，海浪依旧在追，海边有一座再也不会亮起的灯塔……

幸亏老乡再建灯塔

1926 年 5 月，广西防城人陈济棠率领国民军第十一师接管北海，四年后，任广东省主席。

主政广东后，陈济棠把整顿港口作为重点项目，成立了广东省港务管理局，统一管辖沿海港口，冠头岭灯塔也因此得到政府注入的资金维护，航政分局再也不用集资。但是，毕竟是木质结构，到了 1928 年，灯塔已经破败不堪，停止发光。

陈济棠对经济管理很是有一套。一方面，他大搞实业救国，在北海兴办三合口农场，还施行一种保护地方工业的法规，并且用关税壁垒保障广东的地方产品经济的发展。另一方面，他致力于发展实业，扩大出口贸易，以开辟财源。首先，他颁布新的税收法令，对洋货进口课以重税，对土货出口则实行优惠税，以保护地方经济的发展。结果，北海埠“商务状况，一时顿为活跃”。1930 年，北海洋货进口由前一年的 149 万元升为 210 万元，只增加 40%；国产货进口，由上年的 111 万元，升为 246 万元，却增加 120%。国产货在北海市场开始比洋货占优势。是年，北海关的税收由前一年的18万银元，升为32万元，增长了72%。从陈济棠主政广东起，由于他实行高关税壁垒的策略，故洋货进口减少。与此相反，出口货物受到优惠税的鼓励，保障了地方产品在国内外市场的地位，使北海港对外贸易由逆差变成顺差。

1931年5月，陈济棠宣布粤省独立，与南京政府对峙。两年后，陈济棠设广州航政局北海办事处，管辖钦廉沿海船务，促进当地航业和贸易发展。由此，冠头岭灯塔修建出现了曙光。

北海办事处设立后，将冠头岭灯塔的前因后果写成一份专题报告，要求重修，并绕过广州航政局直接送到广东省政府。也许是有家乡情缘的因素，陈济棠不但特批，还指示合浦县政府出面筹建。

因得到高度重视，1933年10月，一座两层高、外砖内木的灯塔建成（即现灯塔），并且应用昂贵的瑞典产大型透射灯器，煤油燃灯发光。灯塔建成后，合浦县政府与“广东省建设厅廉钦船务管理所”（相当于今北海航标处）联合发布的布告，用文言文镌刻在石碑上，竖立在灯塔门口。碑文内容大意是：“广东省建设厅核准在北海冠头岭建筑灯塔，以利轮船通行。该灯塔现已竣工，为防范坏人盗窃灯塔设备，除由县政府派警团经常巡逻外，还与钦廉航务管理所联合发此布告，希望辖区人民知道要保护灯塔，若发现违法者，一定依法查办。”

对一座灯塔呵护到这种程度，在航标史上并不多见。

至此，曲折多舛的冠头岭灯塔，应该结束了其苦难的命运，从此走向顺畅之途。然而，谁能想到，十多年后，它再次受到重创。

冠头岭灯塔1933年安装的旧灯器，现保存在北部湾航标展馆

战争烽火重创灯塔

南海的历史灯塔，没有不经过战争洗礼的，冠头岭灯塔更不例外。这，与灯塔所处的位置不无关系。

冠头岭处于北部湾主航线之要冲，战略地位十分重要，它与北海涠洲岛、斜阳岛遥相呼应，成掎角之形，是海上和陆地的军事要塞，是控制北海西面的天然屏障，为兵家必争之地。远在明朝洪武二十七年（1395 年），明兵巡检郭成驻军冠头岭，拥有军船 2 艘，旗兵 300 人轮流出海巡哨；至清朝康熙五十六年（1717 年），朝廷还拨款于冠头岭建炮台 5 座，配有门楼、兵房和火药库。现在，在冠头岭的山腰上，还保留有清朝的炮台遗址。

抗日战争时期，冠头岭成为北海人民抵抗日寇的主战场。

1378 年初，为进一步封锁中国沿海，配合进攻广东的作战，并准备从广西进攻越南，日寇开始在冠头岭海域集结。那时，日寇战舰常在南万海面游弋，虎视眈眈。驻守在北海的军队和南万村民同仇敌忾，在冠头岭上构筑了“瞭望哨”监视海面动静，在冠头岭周围挖战壕，筑碉堡，形成抗御外侮的阵地，严阵以待。

1938 年，日寇进攻开始后，北海军民奋勇抵抗，但人肉之躯始终抵挡不住日军的锋枪利器。9 月，日军占据了涠洲岛，封锁北海港口。1941 年 3 月，日军多艘舰艇入侵北海港，派 1000 多名士兵登陆北海，大肆抢、掠、奸、杀。仅仅几天，北海埠变成人间地狱。

这是冠头岭灯塔经历的首场战火，它的灯楼里，射出的是屈辱的泪光和仇恨的目光。

日本投降后，国民党派兵驻守冠头岭，并修筑工事，与人民解放军对抗。国民政府交通部恢复设立广州航政局北海办事处，拆除了灯塔的灯房，停止灯塔发光。

冠头岭灯塔又回到黑暗的岁月，不久再遭战火。

1949 年 12 月初，在人民解放军的追击下，两广的国民党残部溃逃到北海作最后的垂死挣扎。那时的北海，成为国民党溃军南逃的重要港口城市。冠头岭脚下停泊着数艘军舰和登陆艇。陆上有溃退到北海的国民党“粤桂南区清剿总指挥部”总指挥张瑞贵残部，广东省主席薛岳残部以及从廉州溃退北海的国民党中央军暂编第五、第六军和六十三军残部，还有国民党北海地方武装盐警大队、海军后勤处、陆战队、海上联防大队、海南特区招募处、第八区师管区、保安团等，总兵力一万多人。

国民党军队在北海层层设防，在冠头岭上构建了由大炮、机枪组成的火力网，构筑纵横交错的坑道阵地，妄想保证国民党主力部队海上退路的畅通。

12 月 3 日晚，解放军先头部队 382 团 8 连在粤桂边纵队第 4 支队第 10 团配合下，连夜直奔北海追击逃敌，于 12 月 4 日凌晨抵达北海市郊，并在市郊立即与国民党守军展开激烈的遭遇战，打响了解放北海的第一枪。

天刚蒙蒙亮，第 43 军便攻占了高德。接着，兵分三路挺进北海市区。在解放军强攻张瑞贵司令部时，张瑞贵见情形不妙，便化装与小部分敌人乘小艇逃到停在冠头岭王龙洞的军舰，并在军舰炮火的掩护下，从海上逃走了。

在解放军以迅雷不及掩耳之势胜利攻占北海市区后，只剩下有如惊弓之鸟的驻守在南万和冠头岭上的国民党残军。解放军攻占冠头岭时，有些国民党士兵躲进灯塔内，一位班长想炸掉灯塔，但看到石碑后，不忍心毁掉这座神圣的建筑，放下武器投降。

当冬日金色的阳光尽情地洒向冠头岭及沿海滩涂时，解放北海的战斗已全部胜利结束，共毙伤敌 100 多人，俘敌 6000 多人，缴获枪炮、汽车、弹药一大批。现在，在灯塔旁，还有一段国民党军队修筑的工事。

冠头岭灯塔既是北海航标史的见证，也是北海解放日的见证。

硝烟散去。如今的冠头岭是国家级森林公园。冠头岭森林茂密，树木高大，品种优良，原汁原味，并且，青峰连绵，绿海茫茫，凉风习习，奇乐林间。晴天，阳光露照，空气清新，百草抚脚，松风奇吼，给人豪放而远思的感觉。雾天，云遮雾罩，微雨沐浴，岗烟阵阵，绿影隐现，又给人一种清新催飞的感觉。秋末初冬，候鸟南迁，冠头岭上百鸟争鸣，犹如赛歌，当然别有一番情趣可以享受。其余季节，虽无候鸟，然而，至身林中，只要留意，会看到许多鸟儿在向你点头，向你歌唱……冠头岭的岭上岭下，合理地分布着大大小小的庙宇，让你洁身净灵。

今天，冠头岭以其岭秀及深厚的文化底蕴而引来越来越多关注的目光，古老的灯塔也迎来了日新月异的好时光：解放战争时期被停止发光的冠头岭灯塔，1951 年 11 月已经修复使用，灯器不变，用乙炔发光，1983 年灯塔改用蓄电池供电发光。

因树木遮挡，2002 年，北海航标处用钢架将冠头岭灯塔升高灯座到 13 米，用现代的 LED 灯器换下瑞典产大型透射灯器，射程增加到 18 海里，并在 2006 年安装上 AIS 基站，提高其导航能力。

2009 年，冠头岭灯塔被北海市列入文物保护单位。那块石碑和原灯器作为珍贵文物保护保存在北海航标处的北部湾航标展馆内。

冠头岭灯塔现灯器

临高方知航路远

——临高灯塔纪事

在历史的深处，这里本是一个安静、与世无争的角落。岁月打个趔趄，百年灯塔在时光的流逝中见证了数次兴衰，历经了炮火和鲜血的洗礼。灯塔的历史，犹如这个民族的历史一样厚重深沉。

临高灯塔

临高灯塔，位于海南临高县临城镇昌拱村的临高角海边，是中国沿海所设最西边的灯塔，国家级保护文物，是世界一百座历史文物灯塔之一。由法国人始建于清光绪十九年（公元1893年），红白相间横带圆柱形铁制塔身，外存6根斜柱支撑，82级螺旋式楼梯直通塔顶。灯光射程可达9海里，是船舶来往琼州海峡及通往北部湾、东南亚的重要引导标志。

1997年10月，临高灯塔与上海青浦泖塔、温州江心屿双塔、舟山花鸟山灯塔、大连老铁山灯塔一起，被国际航标协会批准为“世界历史文物灯塔”，并列入1998年出版发行的

临高灯塔邮票

《世界历史文物灯塔图册》，载入世界著名灯塔之列。2002年5月，临高灯塔被国家邮票总局列为《历史文物灯塔》特种邮票发行。

这座百年灯塔不仅浓缩了整个中国灯塔发展的历史，也见证了中华民族从饱受凌辱侵略到自立自强复兴的过程。

开始，充满苦涩

临高灯塔所在的临高角北临北部湾，与雷州半岛隔海相望，是琼州海峡突出中的一岬角，三面环海，有7公里长的海岸线。岬角顶端有250米长的天然拦潮礁石堤直伸大海，古有“仙人指路”之说。

关于临高角，中国水利水电出版社出版的《民歌故事集》中写道，很久以前临高角居住着一位美丽的仙女，她与雷州半岛灯楼角一位英俊青年相爱。但两人被大海分隔难以相见，于是两人下定决心筑起堤堰，把灯楼角与临高角连接起来。他俩的诚心感动了海龟和海鸟，它们帮忙垒起礁石堤堰，快要合口的时候却被巡海的夜叉发现，引来风暴吹跨堤堰，不愿分离的男女青年变身灯楼角和临高角，千百年来隔海传情，互相守望。

比起这个凄美旖旎的爱情传说，临高灯塔的历史却是厚重悲壮，令人唏嘘。

海南因其“中国南大门”地理位置，在近代史上一直被侵略者觊觎。第二次鸦片战争后，清政府被迫与英法等国签订《天津条约》，将海口辟为对外通商口岸。1876年4月1日英法列强在海口正式成立琼州海关，琼海关当时有个俗称叫洋关，从1876至1945年日本投降期间，琼海关全面推行洋关制度，惟总税务司之令而行，先后被英、德、挪、美、丹麦、俄、葡萄牙、西班牙籍的西方人和日本人把持，69年的时间里40任轮番就任的税务司(相当于现在的海关关长)无一中国人。

洋关为帝国主义列强倾销商品，掠夺中国资源，大开方便之门。琼海关除办理海关各项业务外，还按洋人的指使包揽了另外两项工作。一是港务，管理船舶进出港口，对海口河道和琼州海峡以及沿海进行测绘，建灯塔等设备。第二是邮政，处理海口和琼州的邮政业务。

为了疯狂地瓜分掠夺中国，控制琼州海峡，保证海运通道的畅通，琼海关首先选择海南岛的临高角和秀英港码头为建铁灯塔圈地，临高灯塔的开篇充满苦涩。

位于解放公园内的临高灯塔展馆

1894年5月21日，英国籍人安时任琼海关税务司时，“琼海关”在临高角划地6.8公顷，建造了灯塔及3座办公设施，由英国人一年轮换一次地长期掌管着照看灯塔的事务。与临高角凄美的爱情传说相呼应的是，琼海关分别是在1894年11月15日和1895年1月1日在临高角和灯楼角（现广东省湛江市徐闻县境内）设立临高灯塔和窖尾灯塔。两座灯塔形制相同，守灯人的办公建筑也如出一辙。1941年，为避免灯塔被日本侵略者利用，当时国民党执政的徐闻县政府拆毁了窖尾灯塔，当年的办公建筑也只剩一段30多米长的断壁残垣。而临高灯塔连同海关建筑一起，至今保存完好，成为百年沧桑岁月最好的见证。

建造临高灯塔时，海关在塔四周立有四块界碑作为界限，古界碑长64厘米，宽24厘米，厚18厘米。碑上字迹清晰可辨，以楷书字体书写着“琼海关1893”。2000年11月10日，临高县政府将临高灯塔“琼海关”古界碑移交给海口海关，四块界碑之中一块送至秦皇岛“中华人民共和国航标博物馆”展览；一块现立在海口海关新办公大楼前；一块被埋在临高角观海亭地基下没有进行发掘；还有一块不知去向。古界碑和临高灯塔一样，折射出当年处于半殖民地性质的海南海上经贸发展的屈辱史，见证了中华民族饱受欺凌的近代史。同时，也是西方列强侵略中国、掠夺我国资源的见证。

过往，饱经沧桑

自1894年建成以来，临高灯塔见证了几度人间沉浮，有时，它是似有若无的历史背景，任凭世事纷纭，闲看花开花落；有时，它是身不由己的侵略工具，眼看国家受辱，自身尊严飘零；有时，它又成为一方水土命运转折点的关键促成者，于无声中完成伟大的使命。

1912年，“民国”政府成立，按照国际法惯例，新政府仍然要履行满清政府与列强签订的一系列不平等条约，根据1864年签订的《募用外国人帮办税务章程》，琼海关的税务司一职一直由列强委派。临高灯塔的守塔人也一直由外国人担任。

1933年，时任海关副税务司的班思德(Banisher，T.Roger)依据港务报告编写出版了《中国沿海灯塔志》(The Coastwise of China)，由海关总税务司公署统计科印行。中文译本为海关副税务司李廷元所译。在这本图文并茂介绍了当时中国沿海列座灯塔的书里，这样描绘临高灯塔：

“该站历史，殊鲜事故以资叙述，以其位于人民稀少荒岛之一隅，故无内地政变及战事之影响。”

“塔后腹地，土壤膏腴，以产猪名于世，而灯站则位于方形多沙半岛之西北隅，地甚硗薄，状极凄凉，幸院落以内，芳草如茵杂花笼罩。复有灌木二丛，葱翠蒙密。以视院外荒凉景况不啻霄壤。屋宇邻近，地多流沙，种植匪易。然除介壳之地外，灯塔管理员恒于草地之上，植百合花二三种成百花坛式，又择泥土之处遍栽榛藤。灯塔四围，时花木三四种，如刺槐、锦葵等，院落前方，则椰子树十八株，森森罗列。”

由于临高角的地理位置，在中国大陆战火纷飞的年代，这里似乎是远离尘世的桃花源，自有一番幽静淡然。但覆巢之下焉有完卵，1939 年 2 月，为将海南岛建成南进所需航空作战和封锁作战基地，掠夺丰富的铁矿等矿产资源，日本军队于攻占海南岛，并在 1941 年太平洋战争爆发后窃据琼海关税务司一职，直至日本投降。

临高灯塔见证了它的灯光照耀下的那一段惨痛的岁月。日本控制海南后，在文化上推行同化政策，中小学砍掉历史课，把日语设为主科，由日本教师上课，音乐课也以日本歌曲为主；在经济上执行统制政策，日本垄断了海南的对外贸易、交通、工业、商业。特别是日军封锁海面，海南对外贸易进入历史上最衰微的时期。民族尊严在侵略者的践踏下丝毫难存，临高灯塔此时也无奈沦为日军侵华的工具。

仿佛是为了一雪前耻，1950 年 4 月 16 日，临高灯塔完成了一项重大的历史使命，也迎来了自己的命运转折点。

1949 年秋，国民党军一部先后从大陆退踞海南岛，在全国人民欢庆新中国成立的时刻，海南岛仍然命运飘零，前途未卜。但作为中国的“南大门”，海南的解放势在必行。

历史仿佛在这个节点上必然性地选择了临高角，也选择了临高灯塔。

1950 年 4 月 16 日 19 时 30 分，解放军渡海战役的号角响起，由第 40 军和第 43 军组成的西、东两路军，分别由第 40 军军长韩先楚、副军长解方和第 43 军副军长龙书金率领，在琼崖纵队参谋长符振中等协助下，乘 350 只木帆船和少数机帆船，分别从雷州半岛南端之东场港、灯楼角和港头港、三塘港等港湾，同时起渡。17 日凌晨，渡海大军抵达，临高角枪声炮声响成一片，鲜血将灯塔发出的光芒都染成了红色。解放军在灯塔的指引下，冒着敌人的枪林弹雨，冲破了海峡封锁，越战壕，破铁网，炸碉堡，夺险隘，成功地摧毁了薛岳精心构造的海陆空立体防御的“伯陵防线”，战斗中，40 军 880 多人英勇牺牲，40 军 119 师副师长黄长轩以身殉职，长眠于临高这片热土。

激战过后，灯塔如旧，但海南已经成为一个全新的世界。

时任琼崖纵队第五总队 8 团 5 营 9 连连部文书的陈治钧在登陆战后被派去接管临高角灯塔，负责海上的导航和台风预警工作。六十多年后，当他回忆起那场战役，印象最深刻的除了激烈的战况就是灯塔："灯塔很坚固，当时国民党怎么打也没有打破。我就是用它和对面徐闻灯楼角的灯塔对照指引解放军回家。"

临高灯塔，也终于结束了外邦控制、身不由己的多舛命运，在成功助力解放海南之后，它的历史掀开了全新的篇章。

如今，春暖花开

新中国成立初期，临高灯塔由中国人民解放军海军管理，1980 年 4 月，划归原交通部管理。1994 年，灯塔引进 PRB-46mkl 型进口灯器，并在 1998 年 4 月安装美国泰蓝 SeaBeacon2(mark-11) 型雷达应答器，极大地提高了临高灯塔的助航功能。

1997 年 5 月，临高灯塔被国际航标协会列入"世界一百座文物灯塔之一"。同年 10 月，临高灯塔与上海青浦泖塔、温州江心屿双塔、舟山花鸟山灯塔、大连老铁山灯塔一起，被国际航标协会批准为"世界历史文物灯塔"，并列入 1998 年出版发行的《世界历史文物灯塔图册》，载入世界著名灯塔之列。

2002 年 5 月，临高灯塔被国家邮票总局列为《历史文物灯塔》特种邮票发行。

2009 年临高灯塔安装航标遥测遥控系统。

2010 年 11 月，为恢复灯塔的历史原貌，海口航标处对灯塔进行了修复，严格按照"修旧如旧"原则，将灯塔恢复到初建时候的原貌，并将原安装

在秀英灯塔的500毫米牛眼透视镜旋转灯器移植到临高灯塔。

2013年3月，临高灯塔被列为第七批国家级文物保护单位。

2014年5月，海南省首个灯塔展馆在临高角临高灯塔现址建成。展出内容包括海南沿海航标分布图、海南25座灯塔的功能与分布、临高灯塔的历史渊源、临高灯塔的历史日志以及历来使用过的灯器、灯座、灯壳等实物。

此时，距离临高灯塔建成已经整整过去了120年。

而关于岁月对于灯塔的意义，再没有比王光民体会更深刻的人了。

1969年，27岁的王光民经过重重审核，到当时属于部队管辖的临高灯塔当了灯守员。年轻的他并没有意识到，他的一生从此与灯塔紧密相连。

灯塔下的生活无疑是寂寞的，在那个年代，守塔也并不是个轻松的工作。当时灯塔的光源已经从煤油灯改为乙炔气灯，在狭窄并且螺旋上升的灯塔里将一罐几十斤重的气搬到塔顶无疑是个重活，更何况当时没水没电，王光民还需要把从家里一桶桶挑来的淡水再搬上塔顶，擦洗灯塔，22米高的灯塔、81级螺旋楼梯、350条栏杆和拉条，每天擦洗一遍，一天之内要提着水沿着塔内的楼梯上上下下数十回。

阶梯仰视

这是看守临高灯塔特有的工作内容。与其他灯塔的砖石结构不同，临高灯塔塔身为铸铁圆筒体结构，由于临海而建，海边的风和空气都带着很重的盐分，很容易腐蚀塔身和支撑铁架。每天用淡水擦拭灯塔内外，才能减轻海风对灯塔的腐蚀。一两天不擦洗，附着在塔身的盐雾便会发出一种苦涩的气味，并出现爆漆现象。1984年，在灯塔内部维护时，王光民从4米高的架子上摔下来，造成了严重脑震荡。

但身体痊愈后，王光民还是回到了灯塔，直到2002年退休，42年中，他每日重复着开灯、关灯、维护和保养、记录日志的程序，也重复着升旗降旗的仪式，更数不清亲手将这座百年灯塔擦拭了多少遍。

他守护的临高灯塔，发光率和维护率年年均达100%，保养灯塔塔身光泽闪亮，崭新如初。自1989年以来连续10次被海口航标处评为先进灯塔，王光民则曾先后多次被评为先进工作者，并于2002年获中国海员工会颁发的金锚奖。

将自己一生大部分的时间与精力付与这座灯塔，忍受孤独和寂寞的漫漫长夜，只有窗外塔顶的灯光陪伴，王光民却从未后悔过。这一点在他让自己的儿子接替自己继续守护灯塔的时候得到了最好的证明。

1990年，王光民的儿子王健从武警部队退役，1992年进入文昌抱虎指向标站工作，1996年调到洋浦航标站工作。2002年王光民即将退休时，对儿子王健说："我守了42年灯塔，灯塔已经是我生命的一部分，现在干不动了，要退休了，你来接我的班吧，我们一家人要世世代代守好这座古灯塔。"王健耳濡目染父亲对灯塔的感情，听了父亲一席话，他非常感动，当即一口答应。2003年12月王健父亲退休后，王健就成了临高灯塔的看守人。

十几年过去了，王健每天早上6点准时起床，到灯塔脚将灯塔的灯器电源开关关掉。8点，他提着一大桶清水，进入灯塔，一步步攀登螺旋向

上的82级台阶来到塔顶，开始一天的工作。

他仍然重复着父亲一辈子做的工作内容：开灯关灯、升旗降旗、保养维护、记录日志。在身处繁华中的现代人看来，这工作无疑是简单而枯燥的。王健说，父亲几十年的坚持与对灯塔的热爱潜移默化的给了他力量，去克服孤独的感觉，去重复枯燥的内容，去坚守岗位，去履行职责。

“要是灯塔不按时发光，耽误了轮船和军舰的安全航行，祖国的声誉和利益都会受到影响和损害。”在物欲横流的今天，王光民一辈子的坚持在儿子王健的心中种下了纯真信念的种子。

每一种伟大，都由平凡而生；每一种平凡淬炼成伟大，都离不开坚持；每一种坚持，都源于信念。

退休的王光民并没有离开过灯塔，他仍然居住在塔下的房子里，每天早上、晚上与儿子一起，重复着几十年来每天进行的工作。他时常在塔顶眺望这个工作了几十年的地方：塔脚下一侧是1894年建塔时法国人修筑的守塔人办公室，一侧是灯塔展馆；旁边是纪念解放海南登陆战的临高解放公园；而向远处望，一边千米海滩白沙如面，海水澄澈，椰林洒绿，一边波涛滚滚，白絮阵阵，气势磅礴。曾经惨淡凄凉的光景，如今平静而美好。属于临高灯塔的未来，春暖花开。

灯塔的平凡和伟大

——秀英灯塔纪事

秀英灯塔，位于海南省海口市秀英港，始建于1894年，塔高6.7米，灯高40.8米，射程18海里。钢质铸铁结构。灯塔曾称“海口湾灯塔”，秀英灯塔得名于所在地海口市秀英区，秀英区又得名于秀英港，是海南省最为古老的灯塔。

最接“地气”的海南灯塔

如果你曾去过真正的“天涯海角”锦母角，看过激浪拍崖、怪石嶙峋的景色，欣赏过海天一线处孑然独立人间的锦母角灯塔；或曾乘坐高速直达电梯登上过造型颇具科幻意味的“亚洲第一塔”博鳌灯塔，俯瞰过蔚蓝平静的海面和欣欣向荣的城市；又或者，你只是了解过声名远播的临高灯塔和木栏头灯塔，再来看位于海口市秀英区金滩路9号的秀英灯塔，就会觉得它是如此平凡，如此静默，可以称得上十分“接地气”。

秀英区金滩路9号，是海口航标处的办公地址，建于1894年的秀英灯塔就在这个外面看上去平凡普通的大院里。1985年8月，由于城市建筑物遮挡秀英灯塔，遂将其搬迁至大院一栋办公楼的楼顶，塔身为白色钢质圆形塔结构，高度24米。金滩路9号是最为常见的办公大院，门口挂着刻有单位名称的牌匾，几栋小楼分布在院内，花木因有人定期打理而显得错落有致。上下班时间大院里人来车往，虽算不上熙攘热闹，但与其他位于人迹罕至的孤岛山巅的灯塔环境相比，却称得上是霄壤之别。

也因为如此，秀英灯塔似乎失去了一些灯塔固有的神秘气质。在这里，出门看到的不是浩森大海而是车水马龙人间烟火，耳边听到的不是涛声依旧而是讨论工作同事问候，在这里守灯，既未远离闹市，也不形单影只。灯塔的主灯更由市电提供能源无需电池供电，夜晚主灯亮起，也并不如其他灯塔仿若指路的北极星，而只是这城市万家灯火中并不特别的一员。

秀英灯塔，一如它质朴温暖的名字一样，在城市的一隅静静的守候着，不起眼，也不著名，但它的独特，也恰恰是因为它的平凡。

最古老的海南灯塔

由于塔身外面刷着白漆，秀英灯塔从外观上已经看不出年代久远，但这座灯塔是与临高灯塔同期而建，从 1894 年至今，已历经 120 个春秋。

19 世纪，英法列强凭借鸦片战争中与清政府签订的不平等条约，为了疯狂地瓜分掠夺中国，在海南设立琼海关，作为半殖民地性质的海关。据《海口海关志》记载，1876 至 1945 年日本投降期间，琼海关先后被英、德、挪威、美、丹麦、俄、葡萄牙、西班牙籍的西方人和日本人把持，69 年里，共有 41 任外国人轮番就任“琼海关”税务司（税务司相当于现在的海关关长职务）。这些洋人税务司在琼期间，一大任务就是协助帝国列强，以通商口岸征收的各种税款“担保品”，作为向西方列强支付的战争赔款和偿还借款。清光绪十九年（1893 年），为控制琼州海峡，保证海运通道的畅通，列强以“琼海关”的名义选择海南岛的临高角和秀英港码头圈地修建铁灯塔。1894 年，秀英灯塔始建。

秀英灯塔得名于所在地海口市秀英区，秀英区又得名于秀英港，关于秀英港的名字由来，曾有这样一种说法:“民国时期的海南还归广东省管辖，

2014年10月1日海口秀英灯塔升旗仪式

有一个广东军阀名叫陈济棠，他有一个小妾名字叫莫秀英，非常迷信的陈济棠找人算命，算命的人告诉他莫的八字和他很合，会给他带来好运。打过几次胜仗的陈济棠便认为自己的运气都靠这位姨太太，便更加宠爱她，在海口修建码头命名时就选择了这个小妾的名字——秀英港。”世人多容易相信这种带有传奇和旖旎色彩的说法，但2006年，海口市编撰修订《海口市志》的时候，编写组经过多番考证查究，确认这种说法并无明确史料支持，却另有史实说明早在陈济棠管辖之前，秀英港已有此名。

秀英之名从何而来尚待考证，但秀英灯塔建成之时，却并非叫现在这个名字。

“民国”22年（1933年），由海关副税务司班思德根据灯塔报告所著、李廷元译为中文并由上海海关总税务司公署统计科出版的《中国沿海灯塔志》中，并没有“秀英灯塔”的相关记载。但对比数据资料和描述，参照书中灯塔图片，可知书中所记“海口湾灯塔”即现在的秀英灯塔。

书中这样描绘：“海口湾灯塔，规模殊小，上置六等灯，建于光绪二十年五月十二日（1894年6月15日），为一旋转明灭灯，闪放红白两光。”“该灯系为指导船只定泊海口之用，惟以该地离城尚远，中有广阔沙滩相隔，故虽名为港，实则并无港口设备，仅一定泊所而已。”可见秀英灯塔的初始，就不并是辉煌壮丽的，它只是一个合乎常规的平凡存在。

书中还记录到：“灯站院落位于窄小土岩之巅，中有沙阜数处及稻田二三百码，与大海相隔。灯则置于鍜铁矮塔之上，而塔则建于海南岛向海之北端，灯光高出水面七十三尺。该站距海口地方约五六里之遥，近数年来，筑有道路相通。据记录所载，光绪二十九年（1903年）该路两木桥工程初竣时，能跟他管理员曾策马疾驰而过以试其坚固与否。近复于管理员监督之下，分筑支路一条，直达海滨码头。旅客离轮乘艇登陆，咸可驾汽车驱至灯塔，中国各处灯站虽多有道路可通，而似此优良路政则罕与匹敌焉。”看到此处，又发觉秀英灯塔的不平凡之处，与大多数沿海灯塔的绝世独立不同，秀英灯塔似乎一开始就是入世的，它不仅为船舶点亮漆黑的夜，也为世人连通海陆。

古界碑往事

千禧年之际，临高灯塔发现四块“琼海关”的古界碑，其中一块后交于海口海关立于其新办公大楼前，以展示海南被列强侵略的历史。一时之间，临高灯塔百年灯塔之名再次昭彰，却极少有人知道，秀英灯塔也有两块“琼海关”古界碑，且在临高界碑移交海关一事中，发挥了重要的作用。

2000年5月，海口海关在筹备建关50周年的庆祝活动时，了解到临高灯塔有4块“琼海关”古界碑。因为这些刻着“琼海关1893”字样的古碑，不仅是海南可以找到的年代最为久远的海关历史文物，更记录着岁月的真实变迁、镌刻着列强侵略的屈辱，海口海关非常急迫地想让古界碑回归海关，但根据《文物法》属地管理原则，石碑应属临高县所有。几番交涉未果，为防止古界碑被人盗走，古界碑被运到临高县公安局大院内保管，界碑回归一事陷入胶着状态。

其实，秀英灯塔附近区域也有两块尺寸、材质、字体和临高角古碑相同的“琼海关”古界碑，秀英灯塔与临高灯塔同期建造，且在《中国沿海灯塔志》中有如下描写：“该站夏屋渠渠，曾于其中划出一部作为琼海关员假日游憩之所，廊屋宽阔可以远眺，院落清幽花草艳丽，四围复植以椰子树四十株，郁勃轮困，气象殊伟。”由此可知，秀英灯塔的两块界碑应该与临高灯塔的四块同时制造，甚至出于同一工匠之手。

航标公寓旁清朝瑷海关界碑

得知临高灯塔界碑的相关情况，海口航标处将秀英灯塔两块“琼海关”界碑中的一块，郑重移交给海口市博物馆收藏，以展示我国海关发展的沧桑历史。海口市博物馆制作了一块复制碑立回原处，继续发挥其原有的界碑功能。有了海口航标处的做法，经过多次交涉，海口海关和临高县政府最终达成一致，古界碑移交给海口海关，由海口海关复制一块界碑，立回古界碑原处。

百年灯塔宗师

秀英灯塔的特别之处还包括它是目前我国仅存的一座打链式灯塔。虽然打链装置已不再使用，却仍然被完整的保存下来。

打链装置即通过打链启动中间的灯笼旋转，因为装置必须每三个半小时打链一次，否则灯笼就会停止旋转，灯塔就不能如常为船舶指引方向，所以长期以来，秀英灯塔的守灯人必须每天 24 小时不分昼夜，每三个半

2014年10月1日海口秀英灯塔升旗仪式

小时手动打链一次。

关于怎样保证灯塔灯器的正常工作，看守秀英灯塔的百年灯塔世家体会最为深刻。

一百多年来，守护秀英塔的是一个家族的三代人，从爷爷、二爷到父亲、姑父再到表兄弟。

跨越几个时代的守灯人是李进顺，他从1938年开始守塔，当时秀英塔由琼海关管理，每个月李进顺可以领到10块大洋的工资。李进顺的父亲也是秀英灯塔的守灯人，有意思的是，李进顺当年从自己的父亲手里接过守塔的工作时是17岁，李进顺的儿子李文东接他班的年纪，也是17岁。

为了儿子守塔不出错，李进顺起初一遍遍地教李文东如何勾出打结的铁链，如何给灯塔的青铜灯头上青铜油……就像当初李文东的爷爷将这些技术传授给李进顺一样。

很多人也许是受文学作品的影响，觉得看守灯塔虽然寂寞，却仍然是浪漫和文艺的。与蓝天白云为伴，与海浪椰风为伴，做好简单又固定的工作，还能在灯塔之光下读书写作思考，这份工作不仅清闲自在，甚至充满了情怀。

但事实总是与想象相去甚远。随着航标导航系统的技术进步，现在灯守员的工作量已经大大减小。但就在不久前的曾经，这些灯守员的生活充满了巨大的空虚、痛苦甚至危险。

在很多历史灯塔上，我们现在还能看到许多已经废弃的器械，这些器械以前都需要人工操作，就像秀英灯塔的打链装置。在没有自动装置以前，灯守员的基本工作就是天黑点灯天亮关灯，24小时轮班值守，记录灯塔运行情况，定时与航标站联系，烧柴油机供电给灯塔的卤素灯，柴油机两、三天就坏一次，得修得保养，灯房的牛眼透镜每天得擦，天黑了每隔一小时还要给旋转机上弦，保证透镜旋转，让灯光360度照射。灯塔多在沿海，所以守灯人最常遇见的一个最可怕的现象就是台风天。台风来时，人甚至要在守灯房和灯塔之间拉起绳子，抓着绳子一步步前进，否则一松手就有可能被台风刮进海里。

曾经的灯守员，未婚的一年休 15 天，已婚的 20 天，其他时间都在塔上，年复一年和一座孤岛相处，其中的苦涩和寂寞难与外人言说。民国时候的灯塔工更甚，因为某些交接班的原因，如果一休假，下回工作就必须换座灯塔干，几个同事好不容易熟悉起来又要换批人重来一遍，所以许多人宁可不休假，在塔上一呆就是三、四年。

看守灯塔还有一个大问题就是补给。以前灯塔的补给是 40 天一次，新鲜蔬果难以保存这么长的时间，所以食物几乎都是腌菜和土豆这种可以长时间保存的东西。喝的水也都是蓄的雨水，在井里放得时间长了，成了死水，几乎没法下肚。所以灯塔工的身体向来都不太好，胃病缠身很正常。有的灯塔工在岛上犯了急性胃炎，痛得死去活来，但是交通不便，等个两三天能有船来接你看病已经算是比较走运了。现在在珠江口的蚊尾洲灯塔，仍能看见当时的守灯人为蓄水挖的水井，想象一下从里面打水喝进肚子里，就能对守灯人曾经的生活有所体会。

平凡与伟大

秀英灯塔由于所处并非偏远，守灯生活应相对不甚孤苦，也许正因为如此，守护这座灯塔的百年灯塔世家也并未得到人们过多的关注，仿佛和灯塔本身一样，他们都是普通而平凡的存在。

当我作为“文化寻根”走访小组的一员，在灯塔值守工作人员的带领下，走过几层忙碌的办公场所，来到这座看上去平淡无奇的灯塔里，发现秀英灯塔与其他灯塔不同的还有，灯塔内部装灯器的房间，朝向城市的一边拉着密密实实的窗帘。我问：“这里怎么会有窗帘？”值守员轻轻的说：“这一面朝向城市，会照到居民楼，为了不影响陆地上居民的正常生活装了窗帘，朝向大海的那一面有灯光就能够指引船舶停靠了。”

2013 年 9 月，联合国教科文组织委派的国际古迹遗址理事会（ICOMOS）专家、印度籍考古学者莉玛·胡贾女士对中国大运河申请成为世界文化遗产进行考察。莉玛女士在走过运河流行的城市、小镇和村庄，见到了繁华的贸易港口，广袤的田野和民风质朴的山野村庄之后，她说：“这才是运河！”我们常常听到一些对于伟大工程的歌颂，那些宏伟的、巨大的、超凡的、荡气回肠的特点与作用，但莉玛女士说她的旅程让她找到了运河的感觉，有人问是什么，她的回答只有两个字：“生活！”

这也是秀英灯塔给人的感觉。这里也许是平凡的，所见景象，与你我每天看到的并无二致；这里确实是普通的，缺少可歌可泣的历史与故事。但它仍然以自己的方式书写着岁月的流转，历史的变迁。它照亮的也许不仅仅是一百多年来进出海口港的船舶，也不仅仅陪伴了守护它一百多年的灯塔世家，它沉淀在这一方水土养育的人的年华之中，它的伟大也可以浓缩成两个字，那就是，生活。

后 记

编撰南海历史灯塔纪事，是《南海历史灯塔保护课题研究》的一项主要成果。南海 63 座灯塔，13 座百年灯塔，它们，犹如璀璨的明珠一般，镶嵌在广袤的南国海疆。

我们成立“文化寻根”小组，足迹遍及南海 63 座灯塔，追根溯源，寻旧物、访老者、听故事、存遗迹……在那两个月里，我们被一座座灯塔和灯塔中所蕴藏的故事，以及故事里的人感动着，影响着，我们要用简单的文字，将他们记录下来。

本书由“文化寻根”小组成员，北海航标处冯心恺、广州航标处常鹏、广州通信中心姚萍萍、广州海事测绘中心孔锐、中心机关蔡涵、谢薇、陈佳丽、刘静等执笔撰写。初稿完成后，南海航海保障中心江德亮主任、刘丽扬书记对书稿提出了意见和建议。汕头、广州、湛江、北海、海口航标处对于“文化寻根”工作也给予了大力支持。

中国航标协会秘书长李汶先生、《求是》杂志社副总编辑朱铁志先生都对此书出版给予了大力支持和悉心帮助！在此，表示衷心感谢！

在编撰此书的过程中，我们还参阅了相关领域各个方面的史料、材料。前人的诸多理论成果为我们编写相关纪事提供了丰厚的营养和参考，在此一并表示感谢！

灯塔，是航路的守护神，也是历史的见证。我们集中撰写的南海灯塔纪事，是一项创新之作，许多内容都是根据灯守员口述记录，难免存在一些谬误之处，敬请广大读者批评指正。